U0938747

珍藏本
纪念版

汉译世界学术名著丛书

袖珍神学

或

简明基督教辞典

〔法〕保尔·霍尔巴赫 著

单志澄 周以宁 译

2017年·北京

Baron Paul-Henri Holbach

THÉOLOGIE PORTATIVE

ou

DICTIONNAIRE ABRÉGÉ DE LA RELIGION CHRÉTIENNE

据1959年苏联国立政治书籍出版社俄译本转译

汉译世界学术名著丛书
（120年纪念版·珍藏本）
出版说明

2017年2月11日，商务印书馆迎来120岁的生日。120年前，商务印书馆前贤怀揣文化救国的理想，抱持“昌明教育，开启民智”的使命，立足本土，放眼寰宇，以出版为津梁，沟通中西，为中国、为世界提供最富智慧的思想文化成果。无论世事白云苍狗，潮流左右激荡，甚至战火硝烟弥漫，始终践行学术报国之志，无改初心。

迻译世界各国学术名著，即其一端。早在20世纪初年便出版《原富》《天演论》等影响至今的代表性著作，1950年代后更致力于外国哲学和社会科学经典的译介，及至1980年代，辑为“汉译世界学术名著丛书”，汇涓为流，蔚为大观。丛书自1981年开始出版，历时三十余年，迄今已推出七百种，是我国现代出版史上规模最大、最为重要的学术翻译工程。

丛书所选之书，立场观点不囿于一派，学科领域不限于一门，皆为文明开启以来，各时代、各国家、各民族的思想与文化精粹，代表着人类已经到达过的精神境界。丛书系统译介世界学术经典，引领时代思想，为本土原创学术的发展提供丰富的文化滋养，为推动中国现代学术和现代化进程做出了突出的贡献。

为纪念商务印书馆成立120周年，我们整体推出“汉译世界学术名著丛书”120年纪念版的珍藏本，寄望既利于文化积累，又便于研读查考，同时向长期支持丛书出版的译者、编者和读者致以敬意。

两甲子后的今天，商务印书馆又站在了一个新的历史时间节点上。我们不仅要铭记先辈的身影和足迹，更须让我们的步伐充满新的时代精神。这是商务人代代相传的事业，更是与国家和民族的命运始终紧密相连的事业。我们责无旁贷，必须做好我们这代人的传承与创造，让我们的努力和成果不仅凝聚成民族文化的记忆，还能成为后来人可以接续的事业。唯此，才能不负前贤，无愧来者。

商务印书馆编辑部

2017年10月

霍尔巴赫的无神论
代　序

桑　则

本书作者霍尔巴赫(1723—1789)是十八世纪法国唯物主义哲学家,战斗的无神论者。他和18世纪法国其他几个唯物主义哲学家拉美特利、爱尔维修、狄德罗等人共同战斗,他们的哲学思想和著作,成为法国资产阶级革命的前奏。

十八世纪上半叶的法国,随着手工工场这种资本主义企业的出现和海外贸易的扩大,资本主义生产关系已经迅速发展起来了,但是,腐朽的封建制度仍然维持着顽固的统治。行会制度和陈旧的生产管理,林立的关卡和不统一的货币及度量单位,使商品生产和商品流通受到严重阻碍。在农村,占全国人口百分之九十以上的农民,只占有小部分土地,大部分土地为贵族和僧侣特权阶级所占有。贵族的地租占农民收入的四分之一,教会要征收什一税,国家还要征收各种苛捐杂税,农民的生活非常困苦。同时农民没有人身自由,被固定在地主的庄园上,资本主义企业则苦于劳动力不足。

这种种情况表明,在当时法国的经济生活中新生的资本主义生产关系与暂时还占统治地位的封建的生产关系发生了严重的冲突。

这种冲突,必然反映到政治上思想上来。当时,封建贵族的反动政权以教会为支柱,彼此狼狈为奸,相互支持,有一些僧侣兼是贵族,他们掌握着封建统治的大权。教会还掌握着知识活动领域内的最高特权,神学的原则渗透到政治生活中,教会的教义同时是政治学的原理,《圣经》的词句有法律的效力。教会禁锢着人民的思想,顽固地维护封建制度。新兴资产阶级要发展资本主义的生产关系,宣传他们的政治观点,要向封建制度作总的公开的攻击,必须首先向教会进击。

正是在这种历史条件下,十八世纪的法国出现了一整批启蒙思想家,唯物主义哲学家和战斗的无神论者。他们在反对封建专制制度的斗争中,首先把矛头指向天主教教会。由于法国的资产阶级这时已经强盛,他们和先前的荷兰、英国资产阶级革命对待宗教的态度不同,他们完全抛弃了宗教的外衣,公开地以唯物主义哲学作为武器,对教会和封建专制制度进行了不调和的斗争。

霍尔巴赫是十八世纪法国资产阶级思想家中的激进代表。他积极地参加了《百科全书》的编纂工作;并且写了十余部无神论的著作,其中最主要的是:《自然的体系》,1770 年出版,这是作者有名的巨著,分两卷①。《袖珍神学,或简明基督教辞典》,1767 年出版,这一本小册子从形式到内容都是讽刺性的,它选列了若干宗教术语加以诠释,极尽嬉笑怒骂之能事,是一部通俗的战斗无神论的著作。《健全的思想》,1772 年出版,以后多次再版,并译成了多种

① 中译本上卷已由商务印书馆于 1964 年出版。

文字,得到广泛的流传,发生了巨大的影响。作者的无神论著作,影响较大的还有《揭穿了的基督教,对基督教的原则和后果的考察》和《神圣的习染,或迷信的自然史》等书。他在这些著作中,从各个不同的方面,在理论上驳斥了一切宗教存在的根据,在政治上对僧侣特权阶级加以冷嘲热讽的抨击,并且揭露了教会的黑幕。列宁曾赞誉这些著作说:“**18世纪老无神论者所写的那些锋利的、生动的、有才华的政论,机智公开地打击了当时盛行的僧侣主义**。”①

在1789年法国资产阶级革命前,神学的思想禁锢着人们的精神世界。神学的教义不外三个命题,即所谓上帝存在、灵魂不灭和意志自由。他们认为,上帝是一种超自然的实体,上帝创造世界,主宰世界,决定世上的一切;上帝赋予人以灵魂,灵魂是一种独立于并优越于肉体的精神实体,它支配着人的一切活动;最后,人有上帝所赋予的灵魂,所以又有意志自由,不受客观的因果规律的制约。其实,这三个命题,归根到底只是思维对存在或精神对物质的关系问题。在法国资产阶级革命前夜,这个问题正是通过这三个命题以更加尖锐的形式向人们提出来了。一切哲学家都必须回答这几个问题。霍尔巴赫继承了他前辈的唯物主义的原理,并依据当时所已达到的自然科学的成果,与宗教唯心主义相对立,给予这三个命题以唯物主义的回答,揭露了宗教的虚伪性。

① 《论战斗唯物主义的意义》。《列宁选集》,第四卷,人民出版社1972年版,第606页。

首先，他认为，自然界是客观存在的，是永恒的，它不是也不可能是被自然界以外的什么东西所创造。广义的说，自然就是由不同的物质、不同的配合以及不同的运动的集合而产生的一个整体；狭义的说，自然就是每一个存在物。霍尔巴赫承认自然的观念必然包含运动的观念。既然自然是一个巨大的整体，在它之外什么也不能存在，所以，自然只能从它本身得到运动。运动就是它存在和变化的原因。而且，自然的运动是受因果规律的制约的。霍尔巴赫由此得出结论说，自然绝不是任何精神实体创造和推动的。所谓存在一个超自然的上帝，只是虚构。所谓上帝创造世界，只是一种神话。

关于灵魂不灭，霍尔巴赫认为，人同自然中的一切其他存在物一样，服从于共同的规律。人起初也不过是一颗微粒，这颗微粒被放在子宫内，由于不断吸取了与它自己相类的、同它一起配合一起同化的物质，而自行发展起来，并且变成了人。人的感觉、观念、思维、情欲、意志、行动等，不过是他的机体的种种性质和运动所产生的必然结果。神学为了维护自己的特权，才创造了所谓灵魂、灵性、非物质性、不朽等概念。人都是要死的，神学倡言人死后灵魂还能继续活着，是极端荒谬的。

霍尔巴赫在谈到意志自由时反驳说，神学家们不断鼓吹人是自由的，这也是虚伪的。神学既然说决定人的意志的灵魂是上帝所赋予的，那么他们所说人的意志自由，实际上就是上帝的意志自由。这样，也就是说人们的一切都服从上帝的意志，并没有什么人的意志自由。霍尔巴赫依据当时生理科学的知识断言：人类器官的作用，它所接受的冲动及其所产生的效果，都必须服从必然性的支配。在道德世界中，一如在物理世界中，所有人的行为都是不得不按照自己的本质而活动。因此人的自由只不过是包含在人自身之内的必然。所以，人的意志是认识客观规律的结果。

霍尔巴赫在自己的著作中，把这些无神论的和唯物主义的观点作了详细的表达。恩格斯高度评价了这种唯物主义学说“**当时哲学的最高荣誉就是：它没有被同时代的自然知识的狭隘状况引入迷途，它——从斯宾诺莎一直到伟大的法国唯物主义者——坚持从世界本身说明世界，而把细节方面的证明留给未来的自然科学**。”①

霍尔巴赫在认识论方面也贯彻了唯物主义路线，这就为他的战斗的无神论又创造了一个前提。他继承和发展了洛克的感觉论，即感觉是认识的来源的学说。他认为，人的所有认识都是外物作用于我们的感官的结果。人的所有认识都是通过感官而获得，它们是认识的唯一来源，此外没有别的通路。他排除了洛克的所谓第二性质的主观性和内省经验的唯心主义因素，也否定了笛卡尔的所谓“天赋观念”的学说，这正是霍尔巴赫的唯物主义认识论的彻底性的表现。他运用这种认识论对神学的三个命题作了进一步的批判。既然观念是作用于我们的感觉器官的外物的反映，那么，上帝概念显然不反映任何实在对象，所以，宗教表象不是任何实在事物所引起的，而是虚构的。这同样也证明了，所有我们的思维活动都是外物作用于我们的感官的结果，所谓超越于肉体的灵魂是不存在的。最后，人的意志、意识、思维是对象作用于我们感

① 《自然辩证法》。《马克思恩格斯全集》，第 20 卷，人民出版社版，第 365 页。

官的结果,绝不是上帝所赋予的。

霍尔巴赫的真理观也是和他的唯物主义自然观紧密相联的,他认为认识真理就是研究自然,真理就是思想和外物的符合。

霍尔巴赫的这种认识论,在驳斥神学教义时,显示了威力。

霍尔巴赫依照唯物主义认识论指出了宗教产生的认识方面的原因。他说:"由于对自然缺少认识,人创造了种种的神,这些神成为他的希望和畏惧的唯一对象。"[①]由于对自然的缺乏认识,对各种自然现象得不到正确解释,产生各种不同的敬慕、感激、惊恐的情绪,"凭借思索人们试图使事物简易化,就要整个自然服从一主宰、一最高的智慧、一个精神、一个推动自然及其各部的万有的灵魂。"[②]这就是神,人们就按照自己的模样赋予他种种特性。霍尔巴赫指出:神是由人创造的,神的特征只不过是人的特征的夸大,神的性格只不过是人的性格的虚构。宗教家创造神的形象,只不过是诱导人民去崇敬膜拜他。

反对宗教的最终目的既然只是为了反对封建制度,霍尔巴赫的无神论必然要涉及宗教的政治社会意义。十八世纪无神论的战斗意义也就在这里。尽管霍尔巴赫在社会观方面有其局限性,但是,霍尔巴赫能够深刻揭露宗教和政治的关系,尽情指出了宗教的危害性,特别是在揭露教会的反动的政治作用,批判僧侣特权阶级和专制君主所宣扬的君权神授说等方面,作出了贡献。霍尔巴赫指出,僧侣阶级从来都是专制制度的帮凶和人民的死敌。卑鄙的

① 《自然的体系》上卷,参阅商务印书馆 1964 年版,第 13 页。

② 同上书,下卷,法文版,第 16 页。

君主为了换取宗教赐给自己的超自然的特权,通常都和僧侣阶级结成同盟。他们宣布说,君主的王统和权力是上帝亲自授予的。人民无权反抗君主,君主的活动只对上帝负责,人民无权过问。而僧侣则引导人们屈服于君主的淫威,叫他们不要发表议论,一切皆是神的意志,选样,僧侣就使暴政和压迫合法化和永恒化了。

霍尔巴赫揭露许多事实得出结论:宗教是道德堕落的根源。宗教为了麻痹在痛苦中呻吟的人民,编造了许多谎言,使人们看不见自己受苦的真实原因。僧侣教人们把眼光注视天国,说地上生活只是去彼岸世界的过渡。僧侣要人们承认自己是有罪的,要想赎罪,死后进天堂,就应该祈祷忏悔。可是,僧侣们自己却过着豪华浪费、荒淫无耻的生活。他们尽是些残酷凶狠、腐化堕落、无恶不作的伪善之徒。他们的职业就是制造纠纷,煽动仇恨,使人民陷于血泊泪海之中。

霍尔巴赫所揭露的这些现象都是真实的。他针对这种现实进行了无情的批判,并且明确地指出,教会是封建统治阶级压迫人民的工具。他的这些揭露,有力地抨击了当时的封建制度和教会的统治。

上面所述就是霍尔巴赫的无神论以及他对于宗教的见解。虽然这些看法在当时具有进步性,对于封建制度具有战斗性,但由于历史的和阶级的局限性,即当时的物质生产规模和自然科学水平的限制以及霍尔巴赫的资产阶级的出身,他的唯物主义是机械论的和形而上学的,他的社会政治观点是历史唯心主义的,这使他的无神论和宗教见解也具有重大的缺陷。

霍尔巴赫提出运动是自然界自身存在和变化的原因的学说,

从而否定了造物主的神话，这是完全正确的。不过他对于运动的认识却是肤浅的。他把自然中的运动分为质量的运动和隐藏的运动，获得的运动和自发的运动，简单的运动和复杂的运动。他认为所有这些运动不外是各种物质之间的作用和反作用，吸引和排斥，聚合和分离等，这就是说，他把所有的运动都归结为力学的运动，这种运动只有量的增减，位置的移动，而没有质的转化和飞跃。

因此，霍尔巴赫的运动观是循环论。他认为自然界的万物总是发生了，又消灭，又不断地从它们的残灰之中再生出来。如此永远重复同样的过程。**“这种运动是永远绕着一个圆圈旋转，因而始终停留在同一地点；总是产生同一的结果。”“它不能把世界理解为一种过程，理解为一种处在不断的历史发展中的物质。”**[①]因而，在霍尔巴赫的唯物主义中是没有由低级向高级的发展观点的。

霍尔巴赫把自然看作是一部大机器，其中的事物构成一个无尽无休并且没有中断的因果关系的锁链，这种因果关系是必然的、绝对的、命定的。按照他的说法，一阵暴风雨的卷起是有它的充足原因的；这阵暴风雨所吹落的一粒沙一滴水决不是随便落在某个地方的，而是被必然性所命定如此的。他甚至认为这样一些变化，将影响到人的情绪和气质，并且通过人的气质，可以影响一个民族的命运。这完全是一种机械决定论。

在认识论方面，霍尔巴赫的哲学见解也具有显著的缺点，这种缺点来自他的形而上学的、机械论的自然观，归结起来，就是毛泽东

① 恩格斯：《路德维希·费尔巴哈和德国古典哲学的终结》。《马克思恩格斯全集》，第 21 卷，人民出版社版，第 320 页。

所指出的:**“马克思以前的唯物论,离开人的社会性,离开人的历史发展,去观察认识问题,因此不能了解认识对社会实践的依赖关系,即认识对生产和阶级斗争的依赖关系。”**[①]霍尔巴赫的认识论固然也是反映论,但这种反映只是一种消极的、直观的、被动的反映。他完全不理解认识的复杂的辩证的过程,而把它简单地看成感觉和概念的机械结合。这样,他就完全否定了人的思维对存在的反作用,结果也同样走到了机械决定论。自然观的机械决定论和认识论的机械决定论,最后都必然导致宿命论;这是很危险的,因为从宿命论再进一步,就可以又回到有神论去了。霍尔巴赫虽然以唯物主义观点有力地揭露了宗教的虚伪性,抨击了宗教作为封建制度的支柱的反动作用,也正确地指出了产生宗教的认识论方面的原因;但是,霍尔巴赫与18世纪的其他唯物主义者一样,他们的社会观却是唯心主义的。因此他对宗教的产生根源和其消灭途径所提出的看法,都是片面的,其结论则是错误的。他认为宗教淹没了理性,引导人们迷信,因此,只须通过教育,增加人们的知识,健全人们的思想,启发人们的理性,就可以消灭宗教而达到无神论,封建专制政治的压迫似乎也就可以解除了。

这样的见解显然是不够的,因为这只指出了认识论的根源,却没有触及社会根源。认为宗教起源于无知、恐惧和欺骗,这对于最初发生宗教的原始社会说来也是不够的,因为这没有从原始社会人们生活无保障的落后的物质生产状态出发,说明宗教产生的社会根源。在阶级社会里,宗教更深刻的社会根源是劳动群众在社

---

① 《实践论》。《毛泽东选集》,第1卷,人民出版社1959年版,第271页。

会压迫下对盲目自发势力的束手无策;统治阶级则利用这样产生的宗教信仰,千方百计地宣扬宗教思想,巩固教会的特权,来为自己的阶级服务,使宗教继续成为麻痹人民意志、阻挠人民反抗的工具。霍尔巴赫不能正确认识宗教产生的社会根源,自然也就不能得出关于消灭宗教的正确途径的结论。认为通过教育、宣传无神论就可以消灭宗教,那正如列宁所指出,"**这是一种肤浅的、资产阶级的,狭隘的文化主义观点**。"[①]霍尔巴赫完全不知道,只有把反对宗教迷信的无神论宣传和为消灭一切剥削制度的阶级斗争结合起来,消灭宗教的社会根源,那才能消灭宗教。现在,历史已证明资产阶级的无神论是不能最后战胜宗教的。当它反对封建制度时,它可以高举无神论的大旗,而一旦资产阶级夺取了政权,随后它的统治受到工人阶级的威胁,特别是当工人阶级选择了夺取政权的手段时,他们便抛弃无神论,也选择宗教作为最后的手段,用以巩固资产阶级的统治了。法国资产阶级正是在这种历史背景下,又重新挂起上帝的招牌,恢复宗教的。

霍尔巴赫的无神论、宗教见解以及他的唯物主义虽然有上述这些缺点,得出了上述一些不正确的结论,然而,他和18世纪其他一些无神论唯物主义者对于封建制度和天主教会所作的冲击,从而在促进历史发展上所建立的功绩,仍应给予应有的估计。

霍尔巴赫的无神论未能战胜宗教,并且也未能彻底说明宗教问题。只有到了马克思主义产生之后,人类历史的发展规律被真

---

① 《论工人政党对宗教的态度》。《列宁选集》,第二卷,人民出版社1972年版,第378页。

正阐明之后，宗教问题才获得正确的解答，消灭宗教的正确途径才被指出。宗教迷信虽然是一种虚幻的思想，但它也是现实世界的反映；归根到底，它是由社会经济状况、经济关系所决定的；因此，它也是一个历史范畴，它在社会发展的一定阶段发生，也将在产生它的和使它存在的社会根源消灭后消灭。在阶级社会里，宗教不会消灭，并且也总是剥削阶级压迫人民的工具。只有当无产阶级革命胜利，取得政权，消灭了一切阶级压迫，消灭了宗教的社会根源，才能最后消灭宗教，如马克思所说："**只有当实际日常生活的关系，在人们面前表现为人与人之间和人与自然之间极明白而合理的关系的时候，现实世界的宗教反映才会消失。**"[①]

① 《资本论》，第 1 卷。《马克思恩格斯全集》，第 23 卷，人民出版社版，第 96—97 页。

目　　录

原　　序

一切部类的学术，一切艺术，甚至轻松的生活领域都有许多小辞典。在我们的世纪里，有人花了不小劳动，使学术浅显化，使之为最广大的人群易于阅读和接近。然而，直到现在还没有人尝试把神学通俗化。尽管时常有简要叙述神学的著作问世，但对神学仍是不甚了了。恰恰相反，在这类指南中，神学的概念似乎弄得更加混乱了；而那些专心致志研究神学的人，那些议论神学最多的人，那些对神学具有特别浓厚兴趣的人，从这类指南中，很少能得到使他们自己的思想清楚和明确起来的东西。

为了填补这一空白，我们出版我们提出的小册子。应该把它看作神学指南，如果乐意的话，也可以看作《袖珍神学》，因为每个人都能很容易从其中找到关于这一重要领域的任何问题的答案。无论是老年人或青年人，无论是学问渊博的或没有受过任何教育的人，甚至妇女，用了我们这本小辞典，都有可能就许多一直为大雾所笼罩的问题勇敢发言。

因此，我们相信我们这本纯属试验性的著作将受到读者的欢迎，更重要的是，将受到僧侣们的赞许，因为僧侣们会在其中找到他们自己的一切权利的可靠论据。其实，如果说我们这一小辞典具有什么跟以前一切有关神学著作不同的优点，那就是它把一切神学问题紧密地联系起来了。每个人只要浏览一遍,就会相信:神学的真理是彼此交织在一起的;每个人都会看到:神学真理的来龙去脉都是以僧侣为中心的。每个人都将明白:宗教的各部分是互相支持的,因而一系列的宗教真理都是密切结合的、一致的。总之,每个人都不难确信:宗教为神学家们所创造,它仅仅注意到他们的利益。宗教是一个具有真正神圣性的体系,其巩固性是世界上什么东西也不能加以动摇的。

神甫贝尔尼埃神学硕士①

① 霍尔巴赫的所有论著都是被迫匿名出版的。他通常是在荷兰修订自己的著作并在那里付印,或是不署名,或是用米腊波,贝尔尼埃,已故的弗勒勒等名字。霍尔巴赫《袖珍神学》一书的署名是神甫贝尔尼埃神学硕士。——俄译本编者

袖　珍　神　学

或

简明基督教辞典

作　者

神甫贝尔尼埃

神学硕士

绪　　论

你要立他们在全地作王。

(《诗篇》,第 45 篇,第 16 节)①

每一种劳动都应该得到报酬。公正的法律要求:在每一个国家中,公民都应按照他对同胞所做之事是善或恶而得到奖励或惩罚。社会的利益要求:最有用的社会成员最受重视;无用的受到轻视;有害的则受到仇视或惩罚。我们的判断应该以这些不容置辩的原则为基础。高官显职、特权、荣誉、物质享受,是社会上最有功或社会最需要的人从它或它的代表那里获得的奖赏。如果社会在这方面处理不当,如果嘉奖了不配的、无用的和有害的人,它将自食其恶果。毫无疑问,它这种盲目行动的根源必须在某种错误见解或成见中寻找。

这些原则是不会引起任何人的异议的。所有国家都应该遵循这些原则。国家给予某些人以特权,似乎就是认定,国家本身将从他们那里获得利益,或者至少是期待从他们那里获得利益。所有国家给予自己的帝王以荣耀的地位,使他们享有相当广泛的全权,给予他们各种收入,正是因为认定他们是国家幸福的源泉并且想

① 原文为"《诗篇》第 44 篇,第 17 节",这里是按《圣经》中文版改写的。——中译本编者

以此来酬答他们治理国家的劳绩。国家把贵族等级置于备受尊敬的地位,正是因为认定它是国家的堡垒,是善于指导和协助国王治理国务的最文明的阶层。最后,国家对僧侣表示深厚的敬意,也是有充分理由认定他们是一个神选的、负有领导大家走获救道路的使命的集团。获救的道路是所有人民热烈追求的目标。人民很懂事,宁愿要来世的、长久的幸福,而不要这个世界的昙花一现的幸福。这个世界不过是无比美好生活中的一个过渡阶段而已。

宗教是人类最强大的动力之一。欺骗性的伪宗教与来自上帝的真宗教,分享着生动深刻地感化人们头脑的权利。世上所有人民向永远不能了解的神膜拜,在敬畏和希望之间辗转踌躇,一句话,他们作为信教的人,都认为没有圣仆的精神救助,他们是不行的。因此,僧侣到处都成了国家中的第一等级,获得了支配其他人的权利,博得了最大的荣誉,取得了巨大的财富,使自己的权力甚至凌驾于国王的权力之上。国王在任何时代都不得不在享有人民无限信任的神秘力量的圣仆面前低首下心。

圣仆几乎经常和到处都是国王的主人。国王的权力不仅不能施加于天主的仆役,而且还要对他们退避三舍。圣仆享有崇高的地位,普遍的崇拜,和不受惩罚的权利。他们常常以神的意志来为自己的不法行为辩解,神的意志似乎是从属于他们的。总之,天和地都同样应该听其摆布,国王也只有在服从圣仆的更强大的权力的情况下,才能行使自己的权力。

伪宗教也遍布全国,因此,它的供职者与真宗教的供职者同样享有无限的权力。人民则心甘情愿地信奉神奇的或来自神的东西。他们很容易信赖自己的僧侣,因为僧侣在任何地方都惯于掌握人民的思想,使他们听信自己。因此,僧侣到处有极广泛的特权,有用之不尽的财富,有巨大的威信,最后,有作恶不受罚的可能性,这就不足为怪了。我们看到:僧侣在所有国家中制定了仪式和礼节,其荒谬和非人道常常令人目瞪口呆;我们看到:僧侣是如何利用一系列的捏造来达到自己的目的,而人民则按照他们的指示认为这些捏造是神圣的。几乎在所有国家中祭司都曾用人作祭品。要使人们更加尊敬圣仆和更加慷慨地捐助,就必须把神说得威严可怕。祭司规定了许多对他们的贪财心和欲念有利的宗教仪式。最后,他们在人民眼前犯了罪,而被他们愚弄了的人民,不仅不予以惩罚,而且还表示赞同,认为僧侣愈作恶,则老天愈会垂怜。

腓尼基的莫洛赫曾要求用儿童做他的祭品。在迦太基也向他献过这样的祭品。曾有人用异邦人的血祈求塔夫利达的女神发慈悲。墨西哥人的神曾要过几千人的生命。克勒特人的祭司曾用自己的俘虏做祭品。穆罕默德的神最喜欢用火和剑来传布其宗教,因此他要求整个民族作牺牲。毕竟,活神的仆役们为了祈求他的垂怜所残害的人比所有其余祭司总共所残害的人还要多。

事实上,在伪宗教中是犯罪的滥施权力的行为,在真宗教中则是合法的和神圣不可侵犯的。毫无疑问,我们所崇拜的上帝比多神教徒所崇拜的诸伪神要伟大得多,他应该得到比诸伪神更多的敬畏。他的祭司应该受到更多的尊敬和更多的酬劳。的确,我们看到:耶和华的仆役们没有仔细分析过某个可怜的牺牲品——人或畜——的内心,而是为了真神的荣誉一下子就屠杀了整个城市,军队,民族。这样做无疑是为了证明上帝的优越地位,为了提示我们要虔信他的仆役。因此,我们不应该把这些无数的牺牲归罪于上帝的仆役——不,我们应该从他们的行为中汲取关于我们的上帝的崇高思想。我们不应该谴责而是应该赞美这些宗教的迫害,这些宗教的摧残,这些空前未闻的刑罚——这一切只有在抱有成见的人看来才是暴行和罪恶;我们应该赞扬神仆赐予的关于我们的上帝的崇高观念。我们应该加倍地忠于神仆,因为他们教导我们去理解上帝的伟大并且为了上帝的光荣而作出了丰功伟绩。不错,执拗的人类有时也由于与其本性和理智相矛盾的事而准备叛乱,但是,大家不是都知道本性是堕落的,而理智是欺骗我们的吗?我们只要有一个信念就够了,这就是:在信仰的领域里僧侣永远是正确的。

总之,我们应该用信仰的眼光去观察僧侣的行动,这样,我们就会发现:他们的行为总是无可指责的,而那种在我们看来是犯罪的和狂妄的东西,乃是来源于高深的智慧和善良的政策,并且应分得到神的嘉许。神对一切的判断与无用的凡人的判断完全不同。简言之,坚定的信仰会在我们的眼中证明僧侣的所有行为都是正当的。

因此,不难从我们的教士和主教身上,洗去那些庸碌浅薄的人或失去信仰的渎神者强加给他们的一切莫须有的罪责:比如,有人常常责备他们极端虚荣;愤怒地议论僧侣对世俗政权的阴谋;痛恨那些骄横的、企图取得支配国王、废黜国王、摘掉其皇冠的权利的僧侣。但是,实质上还有什么能此这更合理呢?难道国王及其臣民不应该服从教会?难道人民的代表不应该向神的代表让步?有谁可以议论那些从神那里获得大权的人的权利呢?

因此,在虔诚的基督徒眼中,僧侣的一切妄图都是最合理不过的。没有什么比违抗圣仆更有罪了;没有什么比想与圣仆分庭抗礼更放肆了;没有什么比企图谴责他们或使这些圣人服从俗人的法律更轻率了。圣仆只应受神的法庭的管辖,因为这个法庭是他们自己领导的,由此可见,教士只服从教士。

我们从某些旅行家的报导中得知,在几内亚的沿海地区,国王在登位前必须经受规定的圣礼,否则臣民就不承认他的政权。其礼如下:国王就地躺着,祭司一只脚踩在他腹上,一只脚压住他的喉咙,迫使他宣誓永远听从僧侣。

如果说微末小神的祭司尚且具有如此崇高的权利,那么,基督徒的最高圣仆——基督在世上的代理人,全世界之神的代表,王中之王的助手——的权力该是怎样的呢?!

每个感到神的伟大的人,一定会感到神的仆役的伟大。轻视神的仆役就等于否定神的存在;谁不听从君主的代表,那就是对君主政权的叛逆。显而易见:在世界上没有谁高过圣仆,修道士,卡普勤;最高的神职人员在所有凡人之上。乡村的教士永远是其领区的第一号人物,而教皇毫无疑问是全世界的第一号人物。

我们唯一所需要的,这就是获救。我们被派到这个世上来只不过是为了"怀着敬畏和战战兢兢的心情"请求拯救,因为我们应该对上帝敬畏和在上帝的仆役们面前战战兢兢。他们是天国的主人,他们有开天门的钥匙,只有他们认识通往天国的道路。由此不可避免地得出结论:我们应该听从他们甚于听从世上的国王,国王的权力只不过施加于肉体,而僧侣的权力却远远超出这一生。不仅如此。如果国王自己也力求获救——他们也应该如此!——,那么他最好还是盲目信赖宗教的导师和领导者,因为只有他们能够给予那些恭聆其诫命的人以来世幸福。从此就得出，凡不追随僧侣的国王，就会显露出无信仰，并且可能带头去损害臣民的信仰。但由于没有信仰就不可能获救，而获救又是唯一的需要，所以，从这里可以得出结论：僧侣必须决定如何对付不听话的国王。僧侣常常认为：oportet unum mori pro populo（一人应为全民死）。这种理论对国王是非常不愉快的，对社会是非常有害的，但是，根据耶稣会教徒的、从未受到教皇指责过的意见，对教会却非常有利。

总之，我们看到，国王为了自己的利益应该听从僧侣。国王在世上的政权仅有一个目的，这就是使教会繁荣昌盛。如果僧侣不满，国家就不得太平。我们知道，来世幸福是有赖于教士的，它比起尘世幸福来，更使国王关心。因此，国王的权力应该服从圣仆的权力，只有圣仆知道，通过什么道路才能获得天国的光荣。国王应该是僧侣意志的执行者，因为僧侣是神的意志的体现者。因此，国王只有服从上帝，即服从他的僧侣，才算忠于自己的职守，才有权供职。如果僧侣认为对教会的利益来说有必要的话，国王就必须折磨、迫害、放逐和焚烧自己的那些没有为拯救自己的灵魂作什么、背离了正确道路或可能使别人背离这条道路的臣民。

事实上，凡为拯救人类做事，都是被允许的。摧残身体以使灵魂得福，是完全合法的；把那些阻挠僧侣的神圣愿望的流氓斩尽杀绝，会给基督教的政治带来极大的好处。我们不仅不应该谴责僧侣以拯救人类为目的的残酷行为——他们这样做是为了给灵魂以善意的感化，——只要可能的话，应该允许他们加倍其酷行，或者至少是延长他们使渎神者遭受的苦难；毋庸争辩，这将使他们所宣扬的教义接近渎神者的内心。如果谁发明某种能延长和加重异教徒痛苦的方法，那么，毫无疑问，他就是给异教徒的灵魂作了很大贡献，并且应该得到教会及其供职者的感谢。

因此，善良的基督徒不仅不应该责备圣仆——亲自或借助于世俗政权，即国王、官员和刽子手——对他们力图使其投入教会罗网的人所采取的严酷措施，而且应该千方百计地协助他们的善举和发明能更快地根绝谬误、拯救人类灵魂的新措施。

因此，愿大家不要再怪罪教会的迫害、放逐、囚禁、拷打和火刑。相反，我们应该为这些神圣的惩罚惋惜，它们施行了好多世纪，并没有达到预期的成果。我们应该试找更可靠的根绝异端的方法，主要是，绝不心软或因怜悯而宽容。宽容虽然符合人道，但不容于教会的精神、真基督教的虔诚、威严的上帝的意旨、圣仆的性格。圣仆为了博得我们的景仰和尊敬，应该比神更严厉，心肠更硬。

渎神者谴责主的仆役进行既有趣又神圣的争论，说它们是世界上骚动、纠纷、迫害、宗教战争、革命的最经常的原因，这也是毫无根据的。难道这些瞎子不了解战斗的教会非战斗不可吗？如果他们有信仰，他们就会明白：慈悲的神力图拯救自己的创造物；受苦受难，这是可靠的获救道路；安宁和幸福会使人民浸沉于对教会及其供职者漠不关心的危险气氛之中；在贫困和眼泪之中生活对基督徒是有益的；教会很注意使它的教士们相互争吵，使它的信奉者不停止纠纷，使人民以在这个世界上的不幸去换取在那个世界上的幸福。所有这一切对有幸具有真正信仰的人来说是十分清楚的。神学家们的争论最能促使人们领悟这一点了。他们为了实现神的意志，使我们指望他们永远争吵下去和指望其追随者直接发生冲突。

不应该像常常发生的那样责备圣仆贪婪和勒索。相反，我们应该衷心感谢那些关怀我们的人：他们为我们经常用神所不许的方法得到的财产担心；他们设法使我们摆脱那些阻碍我们获救的财富。教会掠夺人民，以便他们能够得救；它使人民陷于贫困，以便他们能厌弃尘世和尘世幸福并向往来世幸福。只要他们对自己的僧侣表示忠顺和慷慨，来世幸福就会在天堂里等待他们。

至于谈到应该仇视那种谴责教会的科学，这在圣书中就已规定了。科学使俗人傲慢起来，也就是使他们变得无礼和不十分听从精神导师。基督徒应该处于永恒的童稚状态；他们终生都应受一心希望他们有福的教士的庇护。所有科学中只有一门是需要的，那就是关于救度的科学。要掌握这门科学，只须听人摆布就够了。如果人们打算发表议论，那教会不就是要出事吗？

神学带给人类的幸福真是不可估量啊！神圣的祭司的工作只是代别人思考永恒其理。他们不停地开动脑筋，去找寻某些思想，因为没有这些思想的指导，人民就会处于无知的黑暗之中。他们用三段论法永远扑灭了危险的健全理智，打乱了世俗的逻辑，堵塞了理性之口。理性决不应该干涉教会的事务。多亏神学，连妇女都能参加宗教上的争论；人民才有了关于获救所必需的真理的正确概念。

还有人责怪僧侣曲解道德，把它变为一系列的仪式和礼节；责怪僧侣本人忽视道德并且不用以教人。但是，要知道僧侣丝毫不需要人类道德，它常常是与神圣的和超自然的道德不相容的。僧侣教给我们的基督教道德与那种以社会安宁为宗旨的卑鄙的微末道德,怎能相比呢?难道社会可以在世上获得幸福吗?社会如具有能使其服从僧侣的信仰,具有能帮助它忍受苦难的希望,具有教会如此巧妙地用来达到自己目的的对邻人的爱,不是更好吗?如果成为恭顺的即唯命是听的人;成为虔诚的即从内心忠于教会的一切古怪想法的人;在各方面遵循教会的指示;最后,拥护莫名其妙的教会决定,有了这些不就能获救了吗?社会道德只有对于多神教徒才是好的,对于基督徒是不需要的,甚至是有害的。基督徒为了获救只需要僧侣或耶稣会教徒的道德,这些人比哲学家清楚得多地知道:获救需要什么。基督教的道德,福音书上的道德,敬神的仪式和礼节,这一切都是对教会有利的;而人类的或世俗的道德不会给它带来任何好处,而且常常违反它的意愿。

有鉴于此,还有谁会负心或盲目到这种程度,以致不承认,社会从神圣的饱读经卷者的无休说教和经常重复的诫命中获得了很大的好处呢?他们的严重义务就是没完没了地要我们牢记福音书上的真理,这些真理对于没有信仰的人来说是不能理解的。人民听这种说教已经18个世纪了,我们完全有理由说,还会继续很长的时期。如果有人对我们说:我们的教士和圣修士虽然非常努力,但不见任何改善,那么我们可以回答:这一事实显然证明神的存在,因为神在为自己的僧侣操心,他了解:假如人类有所改善,实施较合理的法律,进行较正当的教育,提倡较易理解的道德,厉行较为英明的政策,那人类就可摆脱教士而自己对付下去了。神很关心使人们继续处于愚昧状态,而使教会导师经常有机会向他们布道,从他们那里收取教导费。

由于我们神圣的宗教,世俗的政策和尘世的道德受到极端的鄙视。世俗的政策曾被归结为与僧侣和睦相处,尘世的德道则被归结为履行僧侣所规定的一切仪式。毋庸争辩,这一点就足以使宗教繁荣,使教会太平无事。现在,全部政策就是纵容僧侣的欲望,全部道德就是对僧侣俯首听命。

如果人们有朝一日认真考虑政策或人类的道德,他们很可能摆脱宗教及其供职者而自己对付下去。但是,没有宗教和僧侣,人民将会怎样呢?毫无疑问,他们会注定灭亡——他们会失去献祭、寺院、赎罪、忏悔、圣餐、所有重要的仪式和有意义的礼节。上述种种事物的良好作用,我们在如此之多的世纪中都有体验,这些事物是如此巧妙地使人们在教士面前俯首听命。如果人类坚信:需要成为善良的、人道的、容让的、正义的,那么,对于维持教会权力不可或缺的纠纷、偏执、宗教仇视、迫害、精神病等等就会消失。如果国王们知道:他们的臣民和睦共居对他有益,健全理智和正义要求给予所有忠诚和善良的公民以言论自由;如果这些国王不用教义问答而用人类的、大家懂得的道德作为教育的科目,那么,神学上的辩论、宗教会议、教规、信条、教皇训谕等为宗教所必需的、对于引起国家骚动非常方便的东西,又有什么用处呢?最后,如果具有理性的人遵循理性——这是僧侣如此英明地禁止的,那么,我们知道,对于获救所必需具有的信仰,又怎么办呢?

这一切向我们证明:教会丝毫不需要人道的、合理的道德。许多人轻率地把这种道德和神圣的、福音书上的道德对立起来,要知道,这会导致宗教和僧侣的灭亡,而离开宗教和僧侣是无论如何也不行的。如果国王们遵循理性、正义,服从世俗政治的浮华利益,那么，他们就会颁布英明的法律，在合理的基础上教育自己的臣民，从而享受人民的爱戴。在现有的情况之下，国王们、偶像崇拜者的敌人是不用担起如此的重担的。他们只要信神或信僧侣——只有僧侣才有权享受人民的爱戴，——就足能使一切太平无事。世俗政权只有当教会表示不满时才会遭到危险；大家知道，在这种情况下，世俗政权就不再是合法的了。

至于谈到臣民的宗教道德，即唯一的对教会有利害关系的道德，教士们将永不停止对它的关切。他们将听取忏悔、赦罪、作弥撒、献圣餐、原谅那些对僧侣表现得很慷慨的垂死者的一切罪过。有什么能比天堂更使我们向往呢？天堂的钥匙掌握在僧侣手中，因此只要有教士的道德就足够了——任何其他的道德都是无益的，甚至有害的，因为它们会使赦罪、赦罪符、赎罪、严格规则、向教会捐献等完蛋，一句话，使所有助长僧侣声势和神的光荣的东西完蛋。

我们可能发现：圣仆本人常常忽视他们向别人宣扬的美德；我们也往往看到；高级的神职人员——教士或修道士——过着淫乱放荡的生活和迷恋于为基督教道德所谴责的恶习，总之，看到他们丝毫不顾他们本人的诫命。对此我可以作答：1）谴责教士非俗人之事，他们自己对自己的行为负责；2）基督徒不应该注意僧侣的不好行为；3）教士在我们乍看起来好像是犯罪，实质上往往是在做好事，如果我们有更强烈的信仰，就会了解这一点。例如，修道士把木底鞋放在女人房门口（这在西班牙是常见不鲜的事），她的丈夫就会认为，修道士正在为拯救其妻子而工作；如果他当场碰到他们在行苟且之事，他就会感谢上帝对他进行考验或因上帝通过一位圣仆对他帮这种大忙而百感交集。此外,如果教士们偶尔有不道德的举动——这是不大可能的——,也应该以其言语而不是以其行为为准。应该有容人之量,因为他们也和其他人一样是用骨和肉制成的。上帝有时也使他们堕落,以便教导俗人不要信赖自己的力量,即使是教士也可能犯罪的。[①]

总之,信仰的头巾一定会永远使我们看不见僧侣的恶习;爱的斗篷一定会把它们掩盖起来。凡是具有这两项必需品的基督徒将不会发现圣仆有什么可指摘的行为。不尊重主的仆役的人,立即就会成为渎神者。鄙视僧侣就是鄙视教会;鄙视教会就是鄙视宗教;鄙视宗教就是鄙视上帝、宗教的缔造者。由此可得出结论:鄙视圣仆就成为无信仰者,不信神的人,或者更坏,成为哲学家。

显然,谁对僧侣作如是观,他就不可能成为合乎道德、品行端正的人,不可能成为好公民、好父亲、好丈夫、好兵士、好法官、好医生等等;他应该受火刑,免得把自己的思维方法传染给别人。

这些一般的理由足以使我们意识到:在许多方面应归功于僧侣。简要地概括一下。我们之所以有世俗权力和教会权力之间的无休止的争论,应归功于圣仆的合法的虚荣心;这些争论在如此多的世纪之内,为了我们人类的幸福,曾使得国家分崩离析,歪曲过

① 在所有时代和所有国家僧侣都曾享有神圣的和自然的权利——乱搞男女关系的权利;在西班牙、葡萄牙、意大利以及教会受到应有尊敬的地方,即人民具有强烈信仰的地方,基督教僧侣完全公开地行使这种权利。多神教祭司也经常行使这种权利,毋庸置辩,基督教僧侣则比他们更配享受它。在巴比伦,所有妇女一生总得到亚述维纳斯女神庙中去干一次苟且勾当。加尔加答的大祭司对本国皇后享有初夜权。为了使婚姻蒙上圣洁之光,我们的教士应该享受对俗人的妻子的初夜权,或至少是,低级教区的教士应从本教区的姑娘身上收取什一税。

合理的政策,使政府变得软弱无力和摇摇欲坠。许多民族之所以受到专制压迫、摧残、宗教迫害,应归功于僧侣与世俗政权的联盟;这种种迫害,为了神的无上光荣,把鲜花盛开的国土变成荒凉的地区。我们这里之所以有异端和对异教徒的迫害应归功于圣仆的宗教内讧。我们之所以有神圣的宗教裁判所、火刑、拷打、放逐、监禁、训谕等等应归功于异端;这种种事物,大家知道,纠正了许多谬见,使之未能传播。我们之所以有变革、起义、宗教战争、弑君和其他动人心魄的场面,应归功于僧侣的神圣热情;在十八个世纪内,宗教就是用这些玩意儿来逗乐自己的爱儿的。人民之所以有怡然自得的贫穷和亟待拯救的绝望处境应归功于僧侣的神圣的贪财心;人民的这种处境在所有国家即僧侣有势力的国家中窒息了商业和工业。我们之所以在世俗知识领域中有不足道的进步而在神学领域中有巨大的进步,应归功于宗教对科学的值得夸奖的敌意。我们之所以对人类道德一无所知——最好是忘掉它,——应该归功于僧侣的最神圣的道德。我们之所以有奇怪的和严格规定的道德——用这种道德很容易与主成为好友,——应归功于教会决疑者。最后,我们之所以受到引导我们走上获救之路的考验,应归功于圣仆的恶习和他们的圣洁的苟且勾当。

如果你们在这里再加上热心祈祷、慈善设施、良好教育——它们的显明影响,人类在如此多的世纪中都曾亲身体验过,——那么,我的同胞们,你们就会承认:应当为那些在今世关心我们并且很可能以后要给予我们来世幸福以代替被剥夺了的今世幸福的人,捐出自己的生命。

因此,愿每个基督徒对主的仆役满怀伟大的敬意;愿他理解到，在许多方面应归功于他们；愿国王请他们升上宝座，与其平坐，最好是让位给他们这些最有资格的人；愿僧侣统摄国王及其臣民；愿具有无限权力的圣仆的意志无条件地被恭顺的百姓所接受。僧侣不会滥用自己的权力——权力掌握在他们手中永远会促进教会的繁荣昌盛，教会则永远与僧侣是同一的。

事实上，亲爱的同胞们，我们将会看清楚：教会、宗教、神等不同的词意味着僧侣的各个不同方面。教会，这就是我们精神导师的总和的名称；宗教，就是这些导师为了更可靠地指导我们而发明的言论和行为的体系。由于神学，神就成了与僧侣同一的东西；神存在于僧侣的脑中，用他的口说话，始终不渝地为他鼓气，并且永远不会被他离弃。

由此你们想必已经清楚：世界上没有什么比僧侣再神圣的了。僧侣形成教会；教会建立了宗教仪式和宗教；宗教是教会的创造物，离开教会就没有上帝和圣灵存在的余地。由于这些颠扑不破的、连最粗鲁的不信教者也不能置之不顾的真理，僧侣的权利成了真正神圣的权利，因为这些权利来自上帝。僧侣的利益，就是神本身的利益。僧侣的权利、利益和事业与至圣者的权利、利益和事业是分不开的。至圣者寓子僧侣之中，就像心脏寓于躯体中并且感觉到对这个躯体所施加的一切影响一样。总之，上帝、宗教和教会与僧侣是同一的。由这三位构成统一体，即所谓僧侣。

我亲爱的同胞们，你们只要使你们的思想如此地明确和简化一下，你们就会清楚地意识到：宗教体系是什么。你们就会了解：行礼如仪就是僧侣认为人民所必须具备的尊敬；教条不过就是僧侣的意见；神学就是对这些意见的一丝不苟的阐述；圣仆关于教条的争论是由于上帝即教会的灵魂和僧侣即教会的躯体之间的偶尔失调而产生的。你们会承认：上帝、宗教和教会有时必须更改自己的意见，因为僧侣被迫这样做。你们会明白：服从上帝、宗教和教会意味着服从僧侣，因此，反抗僧侣意味着反对天；不恭地批评僧侣意味着咒骂神；鄙视僧侣意味着成为渎神者；攻击僧侣意味着攻击上帝；触摸了属于僧侣的东西，意味着犯渎神罪。最后，你们会明白：不信任僧侣意味着成为无神论者，即不信神的人。

君主们！世上的伟人们！百姓们！在你们的教士面前拜倒、颤抖、叩头；吻他们的足印，表示对神的敬畏吧！不管是什么俗人，像爬虫一样，爬在至高者的仆役面前；不要在你们的命运的主宰面前抬头吧！不要好奇地探看至圣之物，深究教会导师的伟大奥秘吧！他们所说的一切都是真理；他们所吩咐的一切都是有益的和英明的；他们所要求的一切都是正当的；他们所教导的一切都是从天国来的。谴责他们的行为是滔天大罪。国王们！你们做出恭顺、敬畏、奴颜婢膝的榜样来吧！臣民们！当教士需要的时候，你们就迫使你们的国王低头吧！大地的主宰们！你们的权力有赖于你们对圣仆的服从。亮出你们的宝剑来保护他们，屠杀吧，使你们的百姓遭受贫困，好让僧侣豪华奢侈地生活吧！百姓们！放弃你们所必需的一切，把所有浮华易朽的财富交给圣者吧！整个大地照理都是属于他们的。否则你们就得当心盛怒的神仆进行报复。要考虑到上帝会对人类生气，他的所有恩赐是由于他的宠儿们祈祷下来的，你们应当在他们面前无限恭顺！最后，不要忘记：只有靠他们的庇佑，你们才能进入永垂不朽的居所，才配享受来世幸福。来世幸福是值得你们考虑的。只要你们在今世不幸，只要关

心你们的教士的幸福,无条件地服从他们的意志,你们就能获致来世幸福。这就是幸福之路。我以圣父、圣子、圣灵的名义祝你们走上这条道路。

但愿如此!

A*

爱 从它蒙上不洁时起，就成了一种在天性支配下一性对另一性的万恶欲念。基督教的上帝是严于律己的，他不容许在爱的问题上开玩笑。如果不发生原罪，人们也许会没有爱而生殖，妇女也许会用耳朵生产。

安慰 基督教是信徒们获得无限安慰的源泉。它减轻他们这一生的痛苦和折磨，教他们和善良的上帝打交道。上帝在这个短暂的世界里惩罚他们是为了他们好，他出于圣洁的温柔才能想出经常从下面用火烧他们。这对怕冷的人是很大的安慰。

安息日 是献给主的日子。在这一天，我们应当聆听教士们的明哲说教，参加他们主持的仪式，同他们一道歌唱圣诗，从而使他们心满意足，然后再到酒馆里畅饮。

奥秘 不可能理解的、但必须绝对相信的东西叫作奥秘。这对有信仰的人来说是易于接受的。慈悲的上帝对人们的无知深感烦闷，决定启发他们。他特意走下自己的宝座，以便把人类全然不能理解的真理教给他们。每当在宗教领域内碰到与健全理智相矛盾的、教士不能解释的东西，就可以说，这是奥秘。教会的秘诀就在于此。

奥秘的意义 《圣书》中有一些章句，在因信仰不坚而不能登

---

* 按此书俄译本的条目原系按俄文字母次序排列，中译本一律改按汉语拼音字母的顺序排列。——中译本编者

上放弃理性的神圣道路的人看来,是毫无意义的;神学家却常常在其中发现奥秘的意义。

奥托达菲 (宗教裁判所宣判式,火刑)是偶尔献给神的美味肴馔。它是隆重地用异教徒和犹太人烧烤而成的,其目的在于更有把握地拯救他们的灵魂并教育观众。不言而喻,仁慈的父总是特别喜爱这道菜的。

B

巴别的混乱[①] 是一个寓言或比喻。《圣经》很可能是想通过寓言说明神学的特征并作出暗示:凡是想上升到上帝一般高和议论他的本质的人,都将彼此不了解,就像霍屯督人和法兰西人,布列塔尼人和瑞士人,低级教区教士和他的主子,莫利那教徒和冉森教徒,彼此不了解一样。

巴兰 是一个伪先知。据说,他的母驴能说话。文明的人认为那不过是愚蠢的无稽之谈,而教会却不断翻来覆去地说那是奇迹;我们也往往看见,公驴母驴们不仅说话,而且还议论各种神学问题。

柏拉图 是雅典的哲学家和基督教教会之父。教会一句话没有说,就把他列入自己的教历。教会之所以有许多教条、信条,不算伟大的圣礼,都应归功于他。参看**炼狱**、**三位一体**、**词**。

拜物教 是对物质的、非属于动物界的物品的宗教崇拜。宗

① 参看《创世记》,第 11 章,第 4—9 节。——译者

教崇拜只适合对真正的上帝，用以对其他物品，确是罪过。如果真正的上帝心血来潮，变成圣饼或把圣饼变成自己，这种情况可作为例外。那时情况也就变了。

板凳　是木制的坐物，神学家放置自己的神圣屁股的地方，当他们进行友好、文雅、有关宗教问题的谈话时，也常常用来彼此投掷。

帮助　这个词的意思就是：神恩有效论的拥护者，拿着鞭条、棍棒或长剑打那些为神恩所充满，以致要被胀破的患狂叫病的女人。这样做是为了证明不知从何而来的神恩是有效的。

暴君　用普通人的语言来说，这是压迫社会而不是治理社会的国王。用宗教的语言来说，这是不按照僧侣的指示思考，不满足他们的一切要求，大胆抗拒与国家福利相矛盾的神圣意志的国王。僧侣的神圣权利高于国家的利益。

报喜节　是最纯洁的神对他所中意的一个犹太姑娘的隆重访问。其结果是一个男婴出世，而且在任何方面都不比爸爸逊色。他使人们议论纷纷。我们相信，今后对他的兴趣不会消失，只要人们永远像现在这样聪明的话。

被鬼附的人　以前鬼常常附在人身上。我们在《圣经》中甚至还看到鬼附在猪身上。现在仅仅偏僻地区才能看到被鬼附体的人，而且还得给鬼报酬，才能使它附在某某人身上。

庇护圣徒　是基督教徒的宅神或庇护神。他们对世上所有用他们圣名的人特别关切。圣约翰是世上所有约翰的庇护神。牲畜、疾病、全民性的灾难也有其庇护圣徒。圣罗克管理瘟疫，圣安东尼管理猪和疥癣，圣约瑟，正如大家所知道的，是带角的畜牲[1]或牛羊的庇护圣徒。

避难所(避难权) 在某些真正基督教的国家中教会和寺院有权给窃贼、浪子和杀人犯以安身之地,救他们逃出法网。这种习惯对社会极为有益,并且使教会供职者成为所有流氓的知心人。

鞭挞 是最完美的基督徒为了禁绝自己的肉欲,为了使自己的精神愉快,使仁慈的上帝开心而采取的神圣的救度手段。每当把鞭痕纵横的背脊或者屁股给上帝看时,他总是莞尔而笑的。

辩论 是永远不会错的、解释上帝之言的人之间常常进行的、富有教益和雅趣横生的争辩;问题在于上帝关心自己教会的利益,不愿过分明确地表达自己的思想,担心教士们将不因此而彼此争吵。

捕鱼者 耶稣基督答应自己的使徒:他们将得人[2]。这就是为什么我们的教士千方百计地力求把水搅浑,以便把网张开并大捞一网。但是,他们也用钓竿;希望,这就是引我们上钩的诱饵。

布道者 是神圣的演说家。人民付钱来酬劳他们的无休止的和各种腔调的说教。他们反复向人民申述丝毫不能理解的、但人民却希望通过经常的重复而理解的事物。布道是非常有益的事;对此不可有任何怀疑。大家知道,上帝本人曾向亚当和夏娃布道,不过他们还未听完,就做了蠢事。

不变性 上帝是不变的,尽管我们在他留下的公文中发现他不止一次改变自己的意图,背叛朋友,甚至宗教。但是,所有这一

---

① 这里是双关语,该词原文有“带角的畜牲”和“戴绿帽子的人”两种意义。——译者

② 得人,参看《马可福音》,第1章,第17节。——译者

切都没有破坏他的不变性,就像一切不能破坏他的教士们的不变性一样。他们从来没有改变自己愚弄俗人的坚决意图。

不悔改 这证明在罪恶上的顽固。临死前不悔改在僧侣眼中是最严重的罪恶;僧侣是不让上帝原宥这种罪恶的。

不记恨 是福音书传给俗人的一种非常值得赞扬的行为。对教士来说,不记恨是绝对不应该的:他们决不能饶人,因为受辱的不是他们,而是上帝。如果人们饶恕了侮辱上帝的人,特别是僧侣,仁慈的上帝是决不会饶恕他们的。上帝眷爱僧侣,认为反对僧侣的罪就是亵渎圣灵的罪,是此世和彼世都不会饶恕的罪。但是僧侣可以宽恕已经被他们消灭的人而不见罪于神,只要被消灭的人身后没有留下儿女、亲人或朋友,据《圣经》法典,对这些人可以更残忍。

不可解的东西 参看《**圣经**》,**神托**,**神学**。

不可理解的东西 是任何宗教的基础。凡是无法了解的和使老实人瞪着眼睛、侧着耳朵而不知所云的东西,都是不可理解的。对于不信教的人来说,这个世上只有两种现象不可理解,一是人类的恭顺,一是不知羞耻的僧侣的粗暴。

不可侵犯性 是国王或更正确点说是神贤明地赐给其仆役的特权;由于这种不可侵犯性,他们可以毫不害羞,可以不像其他公民那样感到自己有为社会造福的责任。最能使神恼火的是蓄意干涉他的仆役的不可侵犯性;他一定要或明或暗地为此而报复。

不明确的东西 在《圣经》以及得上帝启示的宗教中常常会碰到意义不明确的地方。它们常常使非教徒感到困惑,但是信神的人却默然顺从一切不懂的东西。如果宗教不令人困惑不解,也许早就垮台了。如果上帝表达得一清二楚,那么,我们的神圣的诠释者有何事可做呢?

不谬性 是神赐给教会的唯一特权。主教的历届会议在信仰问题上是不会弄错的,甚至当它们作不出任何决定或没有足够力量执行自己决定的时候也是如此。某些基督徒认为,教皇是不谬的,但也有许多基督徒大胆怀疑这一真理。一般可以说,当与所有教士、所有牧师、所有拉比和所有阿訇发生分歧时,应该承认他们是不谬的。任何掌权的教士都是不谬的。

不死 是我们的灵魂的固有特性。大家知道,灵魂是非物质的,而神是实体。关于这一实体,我们仅仅知道:与我们所知道的那些实体不同,它是不会消灭的。教会必须使我们的灵魂不死,不然我们没有僧侣完全过得去,而僧侣却要彻底破产了。

不信教的人 这是些失去信仰的恶棍。他们无礼地认为:凡僧侣所讲的上帝的话,并不真是上帝的话。这样的人,僧侣不需要,因此他们有害于社会。社会没有僧侣是不行的。权威人士圣奥古斯丁说:不信是最大的罪恶。

不信神者 神学家们把每一个不像他们那样想见神的人,或者每一个认为神并不像在他们完全正确的头脑真空中那样存在着的人称为不信神者。一般说来,凡不信僧侣的上帝的人都是不信神者。参看**上帝**。

不朽性 上帝亲自向教会许下诺言:将使教会永葆其魅力,永不衰老,不颠三倒四,地狱的大门不能制服它。[1] 可是,教会不管

---

① 参看《马太福音》,第16章,第18节。——译者

这些诺言，一当听到一点不合心意的话，就装腔作势；这并不是由于信仰不足，而是由于害怕不付给它钱，不贷给它款，因为它没有钱是很难培养自己的信仰的。

C

财富　是得救的道路上的不可克服的障碍。富人通常有一个过于肥大的肚子，进不得天堂的窄门。如果他要向这方面努力，他就应该吃斋，或者把自己交给教士；教士善于取掉他的脂肪，使他瘦削，从而挤进得救的小窗户。

财政官员　他们相当于《新约》上的税吏。如果好心的圣仆不使他们离开造孽贪财的部门，他们注定要万劫不复，不过，僧侣的司库员除外。

残忍　是在日常生活中有害、但对保持信仰极为有用的一种特性。当谈到神或神仆的时候，人道就不合适了。

忏悔　是对信徒非常有益但主要是对罗马教会的教士非常方便的发明。由于这个方法，他们能知道所有家庭秘密，能引起夫妻口角，如果需要的话，也可激起宗教叛乱。在忏悔不风行了的国家，教会失去了一个施加影响的强大工具。

忏悔仪式　是一种圣礼，即向教士自供罪孽并向他表示，因这些罪孽曾经带来快乐而感到遗憾。世界上任何宗教没有忏悔仪式是不行的；它们都要求人必须折磨自己，从而使神快乐。

偿还　耶稣基督以自己的死来偿还父；由于他的死，人们摆脱了债务。可是上帝继续要求人们还债。这表明：神的公正性并不认为他本人签发过收据的债务已经付讫。

唱诗 神一定是喜欢唱诗的,只要唱得十分悲伤和忧郁。这就是基督徒花许多钱去筹备唱赞美诗的原因。这些赞美诗在不信神的人听起来简直是受不了的。

超自然物 由于我们不完全知道自然界,它的手段和规律,所以每当碰到一种我们不理解的现象,就会大嚷大叫:这是奇迹!我们碰到从神那里来的超自然物了。一句话,凡是我们不理解的或是不熟悉的,都是超自然物。例如,说启示、神学、圣礼是超自然的,这就是承认:对它们丝毫不理解。奇迹是超自然力量的表现,因为我们不知道奇迹是如何创造的。对于俗人来说是超自然的东西,对于教士就是十分自然的东西,因为教士清楚地知道:该怎么做就能创造超自然的奇迹,特别是当俗人非常天真地想看见奇迹和相信奇迹的时候。

朝圣 是信教的民族中最为风行的一种虔诚行动。这就是到一个莫名其妙的地方去,拜访一个奇里古怪的圣者或他的代理人,并且在那里痛饮一番。圣者为了酬答这种敬意,通常都很宽容,允许男人喝醉,并且让女人在拜访他之后十个月生孩子。

晨祷 是一种祈祷仪式,在深夜进行,以便阻止爱打瞌睡的天父酣然入梦,使他不致忘掉自己眷爱的孩子们的贫困。

沉默 如果国王强使僧侣沉默,那就会犯滔天大罪。教会是爱说话的大嫂,她不能不说话,如果不让她说话,她非死不可。

尘世 对于虔信的基督徒来说,尘世是世界上最可恨的东西了。他必须弃绝尘世,才能冥思来世生活;开始时最好是把自己的全部财产献给僧侣,因为他们的王国不在尘世。

尘世浮华　每个基督徒在受洗时，即在出生的那天弃绝尘世浮华。诚然，他常常违背自己的誓愿，只有神职人士在一生中是信守不渝的。

持十字旗的羔羊　是由教皇本人祝福的蜡饼[1]，因此，它从第一手那里获得了辟邪消灾的奇能。这就是闪电永远不会落到那些具有这种圣物的国家的原因。

耻辱　这是促使犯罪的东西。主的仆役从来不出乖露丑的；责备他们无耻就是耻辱。只有非信徒才能认为教士的无耻行为是耻辱。正如上帝的儿子所劝告的，如果我们看教士出乖露丑，就该挖去双目。

仇恨　是好基督徒身上非常值得称赞的感情。僧侣认为，为了神的利益需要激起这种感情，因为神的敌人全都是教士的敌人。这样，根据僧侣的指示，虔信的基督徒可以心安理得地仇恨任何引起僧侣不满的人而不违背爱邻人的原则。

传教士　是神圣的征集者。他们冒着被打死和被吊死的危险，出发到远方去，为上帝征集灵魂，为教会征集殉教者，为自己的寺院征集财富。传教士借烧酒和火枪之助，获得不小的成就。

传说　是有学问的人收集的耶稣基督的话。他们毫无更改地传给现在的基督徒。这样，传说就像奇迹一样被保存下来。凡人转述他们的所见所闻，总是有些增减；但使徒在这方面是不犯罪的，至于我们的教士是非常忠实的人，从不歪曲传说。

创造世界　是万能的上帝的不可思议的举动。上帝从无中创

---

① “持十字旗的羔羊”是天主教的徽记印在蜡饼上，作为护符。——译者

造了我们能看见的一切。不信神者否认这种举动的可能性,不过他们是没有信仰的;神学家不容置辩地向他们证明:纯粹的虚无能够烧光宇宙;教会则向他们表明:从虚无中可产生黄金。由此显然可见,教会像最高主宰一样具有创造能力。谁不知道教士尼德盖姆会制造活鳗鱼呢?

垂死者 如果说,社会从病人和垂死者那里得不到利益,那么,教会反而能从他们那里得到不小的利益:它慷慨地支配别人不能随身带入坟墓的东西。僧侣的最辉煌的胜利是在死鬼那里取得的:非信徒常常在垂死时低头认错;他们信服了那些因恐惧和心力俱衰而不能予以反驳的论据。宗教的真理对无判断力的人来说,是较易理解的。

词 这是柏拉图的逻各斯,神智,永恒理智,也是我们的神学家用以制造神,如果愿意的话,制造人的东西。因此,我们坚信,神的理性变成了人,以便把知识之光带给人们,主要的是,告诉他们:神的理性把他们制成非理性的生物;他们的僧侣永远是正确的。

慈悲 是基督教的上帝而不是他的僧侣所具有的特性。僧侣残忍地焚烧这个世界或那个世界不合其口味的人。此外,主教们在其牧师书翰中表现得很慈悲;他们蒙上天慈悲,在向国王坚决请求后占有了教区。

D

大慈大悲 是上帝的特性之一。上帝具有完美的慈悲,没有任何不良情感的杂质。不错,他常违反他的善心把祸患加给我们并允许别人这样做;但这丝毫没有证明什么——他对他的教士们显示了始终不渝的仁慈,仅这一点就应该使我们心满意足了。

大洪水　是上帝对人类的慈父般的感化。上帝当时没有预见到人的凶残,后悔造出的人如此之坏,并且为了使他们改邪归正,决定把他们淹死。大家知道,这有了很好的后果。

大教堂的神甫　是从事欺骗通常多于从事科学的神职人员;他们给国家带来很大好处,其办法是在梦中用优美的拉丁文唱歌。这种拉丁文甚至在清醒的时候也是不懂的。

大脑　要成为一个好基督徒,最重要的就是完全没有大脑,不然就是有个发育不良的大脑。在听取忏悔的神甫、教师或修道院的协助下,可以遏制孩童大脑的发育。参看**教养**,**教义问答**,**寺院**。

大卫　是天堂的最伟大的圣者之一,国君真正的典范。他曾是叛乱者、淫棍、奸夫、杀人犯等。他曾经把一些别族妇人变成自己的姘妇,并将她们的丈夫处死;然而他笃信宗教,并且听僧侣的话,从而获得神人的绰号。直到今天,当人们对上帝唱几章这位圣者所创作的诗的时候,上帝总是特别愉快。

大学　是对僧侣非常有益的学府。它们受到英明的委托:关照僧侣的成员。它们工作效果很好,尽心培养非常虔诚、非常狂热、非常没脑筋的、对社会毫无用处但对僧侣极有用处的公民。

大斋期　是虔诚的基督徒禁肉欲、节饮食的时期。这时,他们使自己的胃空着,等待食用复活节的羔羊。如果预先不使自己受到严格的饮食制的训练,羔羊肉是很难消化的。

大主教　这个教职在基督教的最初几个世纪里还无人知道;

后来才被谦虚的牧师们发明的。他们在爬上俗人的背脊之后，又想彼此上爬，以便更好的察看[1]耶稣基督的羊圈里所发生的事。

怠惰 是不可赎的罪恶。这种罪恶就是轻慢有意义的仪式，因为在僧侣看来，行礼如仪是和我们得救分不开的。俗人应该精力充沛地报答教会并为它战斗。教士在这个世界上没有义务做任何事，只是有义务祈祷，唱诗，如果行有余力的话，就进行争吵。

担子 主的担子是轻松的。这担子本当由教士挑，但他们却卸在我们肩上，因此它就不十分压他们了。如果我们借用耶利米的话来说，僧侣本身就是主的担子，那么我离真理就不远了。

道成肉身 每一个基督徒都应当相信：充满整个宇宙的神，曾经缩成一团，装进一个犹太人的躯壳里。然而这种变化使他不很愉快；可以肯定地说，他不会再回到这个容器里去了。如果谁愿意弄清楚这个说不出的奥秘，那么请看一看我们在下面所引的圣歌。这歌是西蒙·列夫兰克的作品。

圣 歌

始祖获罪，

人类代承。

上帝开恩，

按住心头雷霆般的忿怒，

把我们的死刑，

缓期四十世纪执行。

---

① 按主教一词希腊文原有“察看”之意，作者在这里把他们往上爬和这一点联系起来，可谓极尽讽刺之能事。——中译本编者

这短促的期间，
愤怒的火焰渐渐熄灭。
上帝知道：
以莫须有的罪名，
把众生
打入地狱，
未免过甚。
为了拯苦救难，
上帝对其独子说：
“速投凡胎，
以你之死，
救赎众生！”
帝子答道：
“父啊！
你的旨意，
一定遵行，
尽管对我来说，
投胎为人是不合理的：
我们惟你是尊，
如果主教牧放牛群，
人们将会怎样？
请你想想吧！”
“子啊！
你应恭顺听命，

此系奥秘，
必须深信！
你将从童女肚中出生；
圣灵已经预告，
福气即将来到。
来啊！加百列！
听我委命，
派你前去，
宣讲圣恩，
找一位白璧无瑕的母亲，
准备圣子下凡！”
天使立即飞去。
他落入木匠家中，
——真乃老手啊！——
甫进卧室，
就谒见女主人，
备陈来意。
他深深鞠躬陈词：
“你已蒙至高者之恩，
在童女肚中孕育着胎儿，
必有大福！”
又说：
“神迹临近！”

悼词 是在世界伟人墓前的演说。大家知道，这些伟人以非凡的品德而为人所称道,特别是在死后。凡致悼词的人都不可能撒谎,因为真理也是通过他那虔诚的嘴巴说出的。

低级教区教士 他的义务是教那些呆板的粗人学习拉丁文和神学,把他们弄糊涂,同时向他们收取什一税。

低级教区教士的薪水 基督教教会的诸侯英明地规定:在主的葡萄园内作工的小教士是不应该有薪水的。低级教区的教士通常只应该拿300利维耳[①]。由此可见,做信仰批发生意的主教,并不过于重视那些由教会小贩零售给信徒的商品。

地狱 是一个炉灶,上面放着僧侣的热锅。它是教士的专用灶。天父、教士的大厨师,很关心改善僧侣的营养,他把自己的那些不规规矩矩地注意僧侣诫命的孩子放在烤锅上。

定数 慈悲的和洞察一切的上帝自古就规定:他的创造物只有一部分得救,而绝大多数将受来世惩罚。如果你们一点也不理解这一奇怪的决定,那就去请教你们的接受忏悔的牧师;如果他是冉森教徒,他为了消除你们的疑团,就会对你们说,定数是专横的,从不赏罚分明;如果他是莫利那教徒,就会对你们说完全相反的话。但是,不管是前者或后者都会向你们说,这是奥秘,你们不应当知道。

独居 好基督徒都接受建议,过独居生活。这就发展了爱争吵和孤僻的性情,燃起了非非之想。在社会中生活会损害我们,使我们不能得救,妨碍我们沉思那些我们永远不能理解的神圣真理。

① 利维耳是法国旧时的银币名。——译者

独身 是罗马教会对关于人类必须繁殖这一圣规的英明修正。好基督徒不应该结婚。至于说到教士，他们是不需要娶妻的，因为在俗人那里有足够他们享用的妻子。如果教士结了婚，就会跟本国人发生过于亲密的关系，这样就不符合天主教教会的神圣的高深莫测的道貌了。

独一之神 每一个基督徒应当坚信只有一个上帝。如果我们没有神的启示，那么我们永远也不会想到这个真理。同时，每一个基督徒必须凭良心相信三个同等具有神性的上帝。按照我们的神学家们的代数方程，一等于三，三等于一。谁没有看清楚这一点，谁就没有信仰，从而应该受火刑。

渎神 凡触犯神即僧侣的尊严的所有言行都是渎神。

渎神者 这是不信教的，或由于不信而嘲笑教士和信神者奉为神圣的东西的人。

夺取权力的意志 功名和对权力的追求，幸亏是福音宣传者所不知道的。他们的权力不是这个世界的，而完全是精神的。他们有了对灵魂的权力就够了，因而不担心身体——这些灵魂的容器——能反抗他们神圣的意志。

E

轭 主的轭是舒服的，主的担子是轻松的。如果要更迅速地负主的轭，只须有强健的肩和弯曲的背，而自己的钱袋须要交给驾驭你们的驭者。

耳朵 是基督徒必需的器官，因为信仰可以从那里进去。圣保罗说过:Fides ex auditu。[1] 参看**驴**、**教养**、**鹦鹉**。

耳光 如果人打你左颊,你应该马上把右颊送上去。这就是被准许进入天堂和离开你服役的团队的可靠办法。

F

发怒 这对每一个世俗人来说都是不可赎的罪恶。他只有当教会发怒的时候才能随着发怒,因为这时主本身也被激怒了。大慈大悲的上帝极易震怒;他钟爱的孩子们**天生易怒**。因此,当他本身被激怒的时候,我们自由发泄自己的怒气是适当的;如果他的崇拜者的怒气还不及他自己的怒气那么大,那就会惹恼他了。神怒的精确温度表是由教士们掌握的。

烦琐哲学 是神学的重要组成部分。这是一种玩弄字眼的艺术,其目的是使概念含糊不清和阻碍我们过于清楚地看见获救的道路。

燔祭 是将牺牲品整个加以烧烤的祭祀。神向来喜欢烤肉,他知道教士不反对他津津有味地吃一顿。基督教僧侣是不自私自利的:他们为天主烧烤牺牲品,而自己却不参加这种会餐。教士的厨房对于烧烤祭品来说是一应俱全的。

犯罪 宗教认为有害社会的行为不是犯罪,而有害僧侣的行为是犯罪。最大的罪是缺乏信仰,即不信僧侣,力求穷根究底。偷盗法衣圣器,轻视圣物,也是犯罪。所有这些罪行应受火刑——在

[1] 信仰从倾听中来(参看《罗马书》第10章,第17节)。——译者

这个世界或那个世界。

仿效 基督教吩咐我们仿效为我们所崇拜的上帝。因此,我们就要为人们设圈套,诱他们入圈套,然后再惩罚他们;杀尽教会的敌人;淹死和烧死犯教规者,最后,自己上十字架,以便彻底地模仿上帝的榜样。

非物质的 这就是精神的。如果你们欲知其究竟,那么,可以请教你们教区的教士。他会向你们证明:上帝是非物质的,你们的灵魂是非物质的。如果你们的过于唯物的理性发现他的论据含糊不清,那么,你们就等一等吧,等到产生信仰为止,——否则你们要大难临头:你们的不善领会的脑子将有一天会被从物质上或精神上烧毁,以惩罚那过大的物质性。

诽谤 是一个完全合法的和诚笃的手段。教士和两性的特别是女性的伪善者,用它来中伤自己的听取忏悔的牧师的敌人和教会的敌人。不言而喻,他们这样做,是为了真理掌管者的光荣。

废除 只有众主教才有权判决或废除主教;世俗法庭对主教审判是渎神罪。从先知撒母耳废除扫罗王时起,主教们便获得了罢黜国王的权利。由此可见,主教们在苏瓦松①宗教会议上废除虔信者路易是完全合法的;教皇具有无可非议的废除国王的权利。

分裂派教徒 在天主教徒的眼中,这是拒绝承认教皇是教会之首的基督徒。这些蠢货不懂得:曾经做教皇后来成为天堂看门人的圣彼得,将把他们关在天堂的大门外。要想进门,就不应该和

---

① 法国北部的一个城名,虔信者路易被黜后,公元833年曾拘留此地。——译者

看门人争吵。

风　是神圣的巫师为了让基督徒有机会来坐圣彼得的船，而以高价卖给他们的珍贵货物。僧侣出售的风常常引起风暴，这是为了验证《圣经》上的一句话：种风者必得风暴。

疯狂　善良的基督徒以**十字架狂**而自诩。与宗教和僧侣针锋相对的，莫过于积极的和理智的头脑了。它从不与信仰和睦相处，不会发疯。伊斯兰教徒非常尊重疯子，而基督徒则认为头脑最混乱的人是最伟大的圣徒。

服务于教会的人　是一个类概念，所有基督徒，凡献身为上帝服役，或感到自己应该不工作而靠整天劳动的人过活的，都属此类。

福音　即"幸福的消息"。向基督徒们宣布的幸福的消息是：他们的上帝十分生气；他注定他的大部分崇拜者来世受苦；他们的幸福有赖于他们神圣的愚蠢，神圣的轻信，神圣的轻率，他们对自己的狠毒，他们对自己的憎恨，他们的宗教狂热，他们对想法和做法跟他们不一样的一切人的厌恶。神在温情迸发之下向人类宣告的动人消息就是这样。这在人们心里引起了极大的喜悦，以致从天上的使者降临人间的时候起，人们就不停地哆嗦、落泪、彼此争吵和打架。

福音书所教的温和　就是用暴力、威胁和拷打，把信仰强加于人。教会就是用这样的美味来款待他的孩子们，使他们吞下信仰的药丸的。

复仇　根据《圣经》，上帝是不忘旧仇和爱报复的，他的仆役也似愿非愿地模仿他的这种脾气。如果僧侣不是为上帝报复，他们是不报复的;但是从另一方面说,如果教士怀恨在心,上帝也永远怀恨在心。

复活节　是基督徒为了纪念被当众钉在十字架上的上帝暗中复活而举行的盛大节日。为了隆重庆祝这个伟大的日子,虔诚的天主教徒分吃自己的上帝;大概,他们这样做是为了看一看他是否像不死鸟那样从自己的尸灰中复活。神的教会中曾发生过激烈的争论,庆祝复活节应该安排在哪一天。有远见的宗教会议决定在这个重要问题上以春分的月亮为指针。这表明,教会像所有女人一样处在月亮的影响之下。

副主教　不信教者并不认为主教是事务过重的人,而主教对执行自己艰巨的神圣职务却感到力所不及,这时他可以得到一个副主教作为助手;一群信徒有了不是一个而是两个牧人之后,魔鬼就不乐意在羊圈四周乱转了。

G

改革　大家知道,基督教是上帝智慧的最完美的作品。从它建立时起,基督教僧侣就常常想改革自己的宗教。魔鬼不让教会安宁,千方百计地损害耶稣基督的伟大建树。不过,我们好像从未见过圣灵很好地巩固上帝的奇异的建筑物。

改革者　是未经著名神学家的批准就发表某种学说——加之该学说又从未被这些大师想到过——的人。只有这些大师才有权更正、修改和阐释神的永恒诫命,而且在必要的时候,撰写为那些最爱标新立异的妇女所特别需要的新教条。

感官 好基督徒不应该信赖自己的感官,因为它们会使他误入迷途。他只应该信任僧侣的感官,因为僧侣的感官比凡人的感官细致得多,特别是当谈到俗人丝毫不懂的宗教秩序问题时。

高深莫测 上帝是高深莫测的,宗教的奥秘也是高深莫测的。只有教士对这些高深莫测的东西稍有理解;由此可见,在圣徒的脑壳中蕴藏着多么深刻的见解啊!

告密 大家知道,基督教是社会的基石和道德的支柱。所以,尤其在建立了神圣的宗教裁判的国度里,教会拥有一群密探,迫使父母、朋友和奴仆从事告密,这会使社会制度异常巩固,风俗高尚,使公民日常生活极其愉快。

割礼 大家知道,天父有时想入非非。他很久以前曾希望他的崇拜者割去自己的阴茎包皮。他的儿子也行了这个快意的手术。但是,后来老爷子心软下来:他不再需要崇拜者的阴茎包皮了;他只要求崇拜者不使用阴茎。参看**爱**。

割让 教会的财产是不可能割让的;僧侣只不过是它的保存者,而所有者是上帝。但是,上帝永远是未成年的,并且处在教会的监护之下。圣仆只被获准割让自己的理性,或是那些恭听其神圣教诲的信神的娘儿们的理性。

革出教门 是仁慈的上帝的仆役对引起他们不满的人的善意惩罚。当上帝的仆役无力使犯过失的人遭受尘世的痛苦时,他们为了拯救这些人的灵魂就注定后者来世受苦。

公共道德 公共道德仅仅对社会有益,而跟教会没有丝毫关系。可见这种道德是虚伪的。此外,这种道德偶尔可能有点用处,但为此必须使这种道德与福音道德,即所谓神学道德结合起来。

公教的[1]**,或全世界的**　有个教会叫作公教的或全世界的教会。关于这个教会的真实情况,全人类有八分之七丝毫没有听说过,它的教士由于上天恩宠对此也几乎从来没有取得一致,由此显然可见,他们宣扬的真理无从引起异议。

公墓　是一块圣洁的土地。那里,直到死人复活为止,教会准许自己刚死的孩子在露天之下腐烂,如果他们没有足够的金钱买得在庙堂里腐烂和传染活人的权利。由于富人进不了天国,所以在等待最后审判时,他们花钱买一块好的安葬之地,是公平合理的。

宫廷　没有宫廷的支持,教会就不可能大有成就,因为圣灵的一个翅膀被折断了。所以宫廷在正统性问题上是最后审级。异教徒的想法则跟宫廷的想法不同:天上诸神的命运由尘世的人决定。如果没有君士坦丁的帮助,耶稣基督的尘世事业远不会如此光辉灿烂。

古老　古人从来没有犯过错误。古老就确凿地证明了任何意见、任何风尚、任何仪式等等的正确性。不作任何新的创造,这是非常重要的:旧鞋比新鞋舒服,绝不压脚。僧侣绝不会改变一旦被他们所掌握的行为原则。教会愈古老,则愈忠实于一切胡说。

雇工　是无报酬就什么也不干的人。上帝的仆役决不能列入雇工,因为他们无报酬地引起我们的恐怖,无报酬地争吵不休,无报酬地迫害,无报酬地把纠纷引入社会,他们只是等待上帝来奖励

---

① 天主教自称是公教,意即全世界的教会,我国一般把公教译为天主教。——译者

他们的劳绩。但是他们要求人民为上帝作保并向他们预先付酬。

故事 世上一切宗教所讲的东西不外是儿童故事。只有《圣经》的故事从头到尾真实不虚。谁不想永远陷入火坑,就让他对此深信不疑吧!

怪物 相信**怪物**被公认是必须的,本来应当如此。使人们习惯于恐惧总是有益的;教会只会从这里得到好处。恶魔就是恐吓四十岁的小孩的怪物。

鬼魂 凡有善于分析的头脑的人是不信鬼魂的,但任何好基督徒都必须相信。圣灵在《旧约》中承认鬼魂,因此,我们这时不信鬼魂就是异端了。加之鬼魂能引起恐怖,而凡是能引起恐怖的,都对教会有好处。

国王 是万民的首脑,僧侣的仆人。在真正基督教的国家中,僧侣不臣属于任何人,而且统治一切。国王的存在只是为了保护僧侣,维护他们的权利,特别是消灭他们的敌人。

H

豪华 在我们这个不幸的时代,教会不得不有一个显眼的和豪华的外表。如果教会供职者像使徒那样褴褛,警卫队就会把他们赶出凡尔赛。目前,富丽的车骑,五光十色的珠宝,制服笔挺的仆从,都是教会首脑所必需的,否则我们的上帝的宗教不可避免地要受到轻视。

好心人 是指那些给教会效劳,或者担心祭司那里不忙的人们。

好奇心 是一种很大的罪恶。上帝曾经由于一个女人有识别善恶的好奇心而惩罚人类。由此可见,如果我们用自己的健全理智,或是想知道僧侣不许我们知道的东西,那么,我们就会有上犯神怒之虞。

好色 是一种大恶。上帝对此连听也是不愿的。教士和僧侣由于特殊恩宠而不受限制,在需要的时候,神恩降临于他们。淫荡的僧侣是自然界没有的、无法想象的生物。大家知道,教士过淫逸生活是不受禁止的。

好战的教会 这个绰号对教会确实是很适合的。只要它在地上存在,它绝不会停止对理性的战斗。教会供职者就是战士,其唯一的工作就是在彼此之间或者对其他的人进行战斗,或以其战斗供某些人娱乐,从而搂他们的金钱,或对拒不捐款的人兴师问罪。

和平 基督教的上帝有时被叫作**和平之神**,有时被叫作**战争之神**。这不过是表面上的矛盾。上帝非常热爱和平,但是,对他的妻子却非如此。所以上帝为了使她满意,不得不铤而走险。家庭的和平是以对外战争的代价买来的。教会的安宁就是能够为所欲为或不受阻碍地破坏别人的安宁。

红衣主教 是从头到脚一身红的教士,他们由于教皇证书而与国王平起平坐,并且免去服从国王的义务。例外的是:当他们接受国王恩赐时,则是温良恭顺,从不抗命。红衣主教穿红色或火一般颜色的大衣,为的是时刻牢记:他们必须为教会的福利流血,为宗教的荣誉燃起火堆。

滑头 参看**教士**、**江湖艺人**。

化粪论者 他们持有这样一种荒谬的说法:已化为上帝的圣

饼可能化成粪便而被大肠排出。神学家曾长期地争论怎样对付上帝的化身;现在终于确定:只有上帝知道吃在肚中的圣餐的未来命运。

化身 天主教徒认为,上帝随时准备着,只要他们的教士一邀请,就化为一块面包;教士用灵巧的手拿开面包时,就把上帝放在那里了。这是僧侣至今所发明的一切魔术中最莫名其妙的一种。参看:**真正降临**。

荒唐事 这在宗教中是不可能有的。宗教是逻各斯或神的理性所创造的。大家知道,神的理性和人的理性毫无共同之点。不信神的人由于没有信仰才设想在基督教中有许多荒唐事。要知道,缺乏信仰,是最大的荒唐事。要清除基督教中的荒唐事,只须从小养成对这些事的习惯并且永远不去深究它们就行了。人的理性认为愈是荒唐的东西,则愈能为神的理性即宗教所接受。

回答 在神学中回答就意味着大骂大叫和打倒那些侮辱僧侣的脆弱感情的人。这些回答很少能令人满意,并且也不完全能决疑释难,但是,有强烈信仰的人认为这些回答无法反驳,而没有信仰的人则是被迫同意的。

悔改 为了获得宽恕,基督徒必须表示真诚的悔改,承认他曾经有过贪图享受的行为。只要举行悔改礼就可得到上帝的原宥,这对那些丝毫不想改变其行为的人来说是最方便不过的。恶棍在临死前只要按照教会制定的规章悔过,进天堂是有保证的。他的这种为时已晚的后悔,对这个世界来说已没有什么必要,但它会给那些签发赴彼岸世界的通行证的人带来很大好处。

会众 是一些可怜的小人。他们只适于向圣仆捐款和充当圣仆上天堂的坐骑。

火 基督教是火的宗教。教会的忠诚儿子应该燃起对主的爱,神职人员应该燃起热忱,国王和官吏应该随时随地焚烧异教徒及真教的其他敌人,最后,刽子手应该不断焚烧五月梯脚下的书籍。

或然论教义 如果你们想作恶,你们不妨试问一下某某耶稣会教徒:能否作恶事同时不犯教规。如以这样的权威为靠山,你们就可心安理得了。

J

基督教 是一个宗教体系。一般认为是属于耶稣基督的,实际上是柏拉图和圣保罗发明的,后经神甫、宗教会议、注释者使之不断完善,教会也偶尔作些修改,以便拯救人类的灵魂。从这个神圣的宗教产生时起,人民变得比过去聪明、文明和幸福了;从这时起,人们没有纠纷、骚乱、大屠杀和恶习了。这些都确凿地证明:基督教起源于神;要是反对它,就得成为罪人,要怀疑它的真实性,就得成为疯子。

基督教道德 它比与之相对立的世俗的或哲学的道德要高尚得多。基督教道德就是:做一个信神的人,祷告,信仰,万念俱灰,愤世和好闲。相反,世俗道德则要求成为正直,积极,与人为善和善良的人。由此可以得出结论,除基督教之外,任何道德在世上是不可能存在的。

基督教教育 这就是向学子讲述神奇的寓言和千方百计地压

制健全理智。只有僧侣有权从事这种有益的工作。他们有可能把人民弄得愚蠢无知,这是他们的利益所要求的。

基督徒 是上帝的羔羊,头脑简单的人,他们心悦诚服地坚信僧侣提示给他们的那些不可置信的东西,特别值得一提的是永远不去思考它们。例如,他相信:三位神是一个;上帝具有人形;他被钉十字架;他复活;僧侣从不撒谎以及不信教士的人将万劫不复。

济贫院 是为贫民,更实在地说,是为经管其财产的人而设立的慈善机关。上帝通常在今生就为他们的虔诚的辛劳而奖赏他们了;他们在济贫院中全都吃的很好,个个身体健康。

祭坛 是为上帝设的筵席。以前款待他的一切肴馔,他都吃厌了。现在要求把他的亲子[①]给端上来,要求教士们不仅自己吃他的亲子并且还让给别人吃,不言而喻,调味品是不给他们的。这种快意的会餐场面消除了天父的怒气;他对一切在他眼前吞食他的爱子的人充满了真诚的好感。

袈裟 是僧侣,主的宠儿的圣法衣。一当他们穿上袈裟,袈裟就施展法力,使他们有了节制能力。我们认定:拉伯雷所说的摩莱夫利埃先生的狗,就是这方面鲜明的例子。

坚信礼 是一种圣礼,即在孩童的额上涂以油膏并且打一记耳光[②];这样就使他的信仰终生不移。

---

① 这里是指羔羊。按《圣经》,上帝的亲子是耶稣基督,又叫上帝的羔羊。——译者

② 坚信礼,又名按手礼。行按手礼的牧师,用手在孩童头上按一下,据说信仰就可不移。作者说“打耳光”是讽刺的说法。——译者

检查　是神学家对未蒙他们垂爱或与其圣洁思想相左的人或书的侮辱性的考语。我们决不希望，我们的这本小辞典会招致这样的考语。

剑　耶稣基督为了造福人类，把剑带到世界上来。非常喜欢发怒的神圣教会，在兵器库中有两把剑。一把是鬼剑，用来打发鬼魂到彼岸世界去的；一把是人剑，用来打发血肉之躯到那里去的。但是，除这两把剑之外，教会还有一把匕首，由于害怕被人夺去而小心翼翼地藏在怀中。这是它在万一的情况下使用的。

健全理智　它在基督教中极为罕见，而且对基督教也毫无用处。基督教是神的创造物，所以它不服从世人的、鄙俗的健全理智的法律。一个好基督教徒应该压制内心的理智，以便巩固信仰。如果他的教士对他说，三等于一或上帝是一块面包，那么，他就必须违反健全理智而予以相信。

见证人　在日常生活中，当我们需要找见证人时，总是要文明的、通事达理和大公无私的。在宗教界就不是这样。见证人是神圣的无知之徒，乖张的先知，狂信的殉道者，靠我们的信仰过快乐生活的教士。他们的证词定会启发我们相信最莫名其妙的事物。不管怎样，我们反正得相信这些见证人。这不是大大的奇迹吗？

江湖医生　是人类的真正朋友，他们只为人类的康宁着想。江湖医生有宗教的和世俗的。后者是流氓；前者是诚实君子，他们经国王和医治灵魂的至圣医生的允许后才开始行动。他们通常是设法使我们生病，以便证明他们的药物灵验。

江湖艺人　是以灵巧而博得庶民称赏的走索演员。伪教的教士是寒酸的魔术家和骗子手,真教的教士是应该得到尊敬的真正江湖艺人,特别是他们能以其险技引人入胜。

讲道坛 是基督教中的潘多拉箱子①;这是神圣的讲演家在上面传布其极有教益的大道的讲坛。他们布道讲演,常常引起异端、叛乱和战争,但是,为了使人民快乐和信仰坚定,却是少不得的。

讲堂 是神圣斗士角逐的场所,他们在那里争论上帝启示的明显真理。神学家彼此之间的打击,通常都落在人民头上。毫无疑问,这是令人惊异的奇迹。

降灵节 是教会为纪念圣灵的显异降临而安排的隆重节日。那天圣灵曾像火舌一样落在使徒、门徒和信女头上。这件事使他们都像醉汉或喜鹊一样吵闹不休。由于这件事,使徒的继承者获得了胡说八道和用自己的舌头去挑拨世界的有力理由。

教父 是神圣的幻想家,曾给信徒作了许多伟大的推论,奇异的教条和渊博的解释。关于这些东西,是禁止诉诸健全理智的。

教规 是一些规章和命令,参加过宗教会议的主教,用以批准在修改前决不更动的信条和教会规矩;用以阐释和履行上帝的话;用以窃据显职和不容争辩的权利;用以宣布革除那些大胆怀疑其正确性的人出教门并且有效地使他们服从自己,只要国家支持教会教规。

教规全书 教会公认的真实不伪的圣书,由圣灵亲笔写成,并

① 据希腊神话,宙斯给潘多拉一个小箱子,叫她不要打开,后来她因好奇而打开,结果里面装的一切灾难都放了出来,这样世上就有了灾难。——译者

有僧侣在场。

教皇 这通常是一个年高的教士。圣灵选定他作为其兄弟在尘世上的代理人。这就是为什么教皇总是以伟大的智慧见长并且从不胡说八道。冉森教徒和新教的流氓是不管什么都说的,毫无疑问,他们在思想自由方面走得太远了。

教皇的收入 天主教的国王们非常英明,允许一个外国的教会诸侯掠夺本国的僧侣,否则,后者就不能合法地利用神权来掠夺自己的同胞。

教皇宫廷长官办公厅 是在收取现金的条件下分配教薪、赦罪符、圣灵的恩典甚至犯罪权的罗马神圣办公厅。

教皇权力无限论者① 这是些住在山那边的人。冉森教徒建议,必须把他们打发到桥那边去,这大概不会使意大利人过于伤心的。

教皇权力限制主义的教会的自由思想 法国人的轻佻性格使他们极轻佻地对待至圣之父。我们的官员由于具有自由思想而否认他的绝对正确性,认为他本身从属于教会,并且认为他没有像先知撒母耳那样罢黜皇帝或者甚至直接过问其世俗事务的权柄。这些想法在罗马人的鼻子嗅起来带有非常可怕的异端邪说气味。

教皇主义者 这是新教徒对天真的基督徒的戏称,因为这些基督徒承认教皇是上帝在尘世的代理人,并且不像新教徒那样具有足够的智慧和毅力,使自己的理智服从日内瓦的传教士,正教的

① 此词拉丁文为 ultramontani,ultra—那边,mons—山。这里山具体是指阿尔卑斯山。“山那边的人”这一称呼曾流行于法国和德国。——译者

教士,牛津的博士。各宗派的基督徒具有互相嘲笑的权利,这是不用争辩的,特别是当他们不站在镜子面前的时候。

教会 是耶稣基督的妻子。她把年轻老实的丈夫管得服服帖帖。丈夫只求家庭和睦,什么也不过问,而且百依百顺。实际上,妻子不是一个温柔妇人。她有时对自己的孩子极端严厉,如果爸爸敢开口,那他是决不同意这样严厉的。

教会财产 指属于教会,从而也是属于上帝即她的丈夫的财产;她只是因为财产共享这个条件才同意结婚的——如果她没有希望从这个老头儿那里得到一分寡妇财产,她要这个老头儿做什么呢?

教会的雷霆 这是一支精神的炮队;它由一些精神的大炮组成,教会诸侯有权用这些大炮对付那些因行为不检而遭到他们不满的人们的灵魂。这支形而上学的炮队常常七零八落,于是,储藏在世俗祭司的军火库里的真实大炮就支援它了。

教会的权威 在于上帝的仆役有能力利用监狱、士兵、火刑以及逮捕密令使人相信其命令正确,其权利真实,其见解英明。

教会的统一 正像上帝是统一的,上帝的教会也是统一的。在整个基督教世界中多少世纪来教义、感情和意见一直是统一的,对这一点难道还能有什么怀疑吗? 毫无疑义,可以认为这种统一是上帝的指示。

教会法 是由教律、教令、训谕等编成的。主的仆役编制教会法,是为了创立一种特殊的、对僧侣有利的神圣法学。它有时与理性、民法,甚至与自然法对立,不过,这无关重要,因为任何法在神的法面前都应退避三舍。

教会的历史 是对教会官员非常有利的学问，但对俗人则极端有害，因为他们并不永远具有坚定的信仰，可能被圣仆的以敬神为名的丑行激怒。

教阶 是耶稣基督的仆役的级别。用他本人的话来说，在父亲宫中没有大，也没有小。但耶稣基督的妻子在分析世俗事务方面比他强多了，办事也大不相同。现在在神圣家庭中主教和低级教区教士之间的距离并不小于上帝和无人管带的乞食僧之间的距离。

教派 是这个或那个宗教的主干上长出来的各种分支。主干叫做**占统治地位的宗教**；主干往往摇晃自己的分支，有时它本身也因而摇摆不已。此外，主干是长在沙上的，如果国王不予支持，就一定得倒下来。

教师 是歪脖子的圣人，通常都很好吃。他沿家挨户地拜访，引起人们相互猜疑，挑拨夫妻关系，引起对孩子和女仆的不满，搞乱信女的头脑，把她们领上得救的道路。

教士 在世上所有宗教里，这就是上帝的选民。上帝亲自使他们定居在世上，把最合算的职业赐给他们。这种职业就是免费分配恐怖和收费分配希望。所有宗教的教士，对自己职业的神圣起源的看法，完全一致，真是令人感叹不已。

教士所在地 教会牧师应该住在会众之中，才便于领导。可是，有些主教，却宁愿居于深宫。如果牧师吃得好并得到修道院及其财产，这对会众来说，是没有任何损害的。毫无疑问，教会对廷臣和信教贵妇的拯救，要比对住在地方上的基督教小喽啰们的拯救关心得多。

教薪[1] 是跟教会职务有关的,由神职人员募集的各种收入。神职人员拥有神权,因而不要向任何人报销。每个教士仅允许享有一种教薪。据我们所知,这项规定被极严格地遵守着。

教薪表 是法国僧侣的信仰的晴雨计。最近有些不稳定。与信仰的温度计相对,它在宫廷中经常处于冰点。

教养 基督教的教养就是:从幼年起,诱导孩子们养成一种渴望得救的习惯,违反健全理智来进行思考,相信所告诉他们的一切,并仇视一切不赞同他们的信仰的人。其结果是使国家得到一些思想可靠,心情安静,绝对顺从僧侣的公民。

教义 所叙述的是基督徒由于害怕在这个或者那个世界被焚烧,而不得不相信的东西。宗教信条就是主的确定不移的命令。主只有在对教会有利的情况下才改变信念。

教义问答 是通俗易懂和不可或缺的教令汇编,教士们用它来灌输少年基督徒的头脑,使他们惯于毫无理性的思想方法。

教育 对于深谋远虑的神学家来说,扩大自己的教育就意味着一生从事搞乱自己思想、用神圣的词句填塞自己头脑的工作。不管是他本人或是没有得到超自然的恩赐的人,都不可能在神圣的词句中找到丝毫合理的意义。俗人的教育在于学习拉丁文,主要是听从僧侣。

教职 慈祥的上帝的宗教,为主的朴素的奴仆们确定了各种教职——这些纯粹是世俗的差别。因为,他们不配过像主本人居

① 教薪是各级神职人员所得的物质资料,有领地、住宅、教会收入和现金薪俸。——译者

留凡间时所过的那样朴素、贫困的生活。

骄矜 就是自命不凡。教会供职者完全没有骄矜之气。常常把各国国王当作毛孩子来对待的教皇,不过是上帝奴仆的奴仆;这证明他一点没有骄矜之气,或是他决心不流露出来。

接受忏悔的牧师 是通常以伪善、好色为特征的圣人。他的职责就是在别人的家庭中散布不和,离间夫妻关系,教唆父母去摧残子女,主人去迫害奴仆,最后是把虔信上帝的女傻瓜们弄得糊里糊涂,以便更可靠地引导他们走得救的道路。

接受忏悔的牧师的助手 是极老实的人,他帮助富有的信女整饬她们小小的良心,消除她们小小的疑虑,解释她们小小的困惑,估量她们小小的罪过,以便训练她们去作小小的但愉快的忏悔。这种人有时也担任破坏夫妻关系的工作。

结婚 是不完美的状态,但教会认为它是一种圣礼。结婚只有一个好的方面:它是僧侣的一个很肥的收入项目。因此,巧妙地想出各种办法为结婚设置障碍,直至捞到一笔钱,才加以撤除。

节日 是教会英明地规定的闲暇的日子。闲暇比任何东西都能促进虔诚。在节日里手艺人不得挣自己的面包,因为这是大罪;但是他被授权在寺院的小酒窖里大喝,如果有钱的话。这样,他会为自己的灵魂带来很大的好处,还会为寺院的钱柜带来更大好处。但是,最好不过还是坐在家里扑扑苍蝇。

节欲 是教会所规定并深得上帝欢心的行动的总称;节欲就是自行剥夺神赐之福,而神创造世上的一切幸福只是为了一个目的,即不让自己亲爱的孩子们享受。十分明显,宗教规定节欲,就是对主的无限善心作英明的修正。

解释者 是神圣的吹毛求疵者。当教会的事情弄得一团糟时,就请他们效劳。在胡乱臆造的帮助下,他们通常能打赢健全理智。

芥菜子 是宗教上稀罕珍贵的货物。大家知道,像一粒芥菜子那样大的信仰就能移山。教皇拥有的芥菜子储存量太大了,以致不得不拉一个人来保藏;这人叫作教皇的最大芥菜子容器。

金钱 金钱是人类社会万恶之源。僧侣应当竭尽全力使教徒们摆脱这一祸害,并使他们能沿着得救之路轻装前进。耶稣基督不希望使徒们拿钱,然而教会后来却持正相反的观点。现在没有钱就见不到教士。这样就实现了《利未记》中的话:"祭司要计较银子的,"参看第 27 章第 18 节。

禁绝肉欲 这有一整套狡猾的办法。虔诚的基督徒用这套办法慢慢折磨自己,或使自己的生活难以忍受。显然,善良的上帝赐给我们生命和健康,不过是为了让我们慢慢毁灭它们。一下子杀死自己,是严格禁止的;否则,就剥夺了上帝饱看我们受难的乐趣。

禁止礼拜的命令 是教会诸侯有时对不服从的所属国王的可怕惩罚。这种惩罚就是使民众不能举行礼拜、祭祀和接受宗教恩典。如果没有这些东西,黑麦就不生长,葡萄园就要被冰雹打烂。历代教皇都非常成功地用这个药方来医治不听话的国王;从信仰淡薄以后,它才开始失灵。

精神 不论何人都知道,精神是什么;这就是跟物质对立的东西。当你们不明白某一原因是怎样起作用的时候,只要说这一个原因是某种精神,一切就会立刻清楚了。

精神病患者 是冉森教派的女先知。他们讲述预言,遍地打滚，让人折磨自己，让人钉在十字架上，以便证明：耶稣会教徒是流氓；天主教谬误错乱；神父凯纳尔是正确的；如果说，本身有实际效用的神恩能付出什么，那就是它可以推动人们去施展荒唐的诡计。

精神性 是柏拉图所发明，笛卡尔使之完善并被神学家变成信条的神秘特性。凡是我们不知其如何存在，如何动作的一切，大概都具有这个特性。上帝是精神的，我们的灵魂是精神的，教会权力是精神的，用普通人的话来说，凡是我们极其模糊的东西都是精神的。

敬神的功课 这是一些琐碎的精神训练，是教士为了保持信神者的朝气而发明的。没有训练，善男信女们就会有过多的余暇，因而可能为无事可做而发愁并且还难免去干一些对他们家庭和变化无常的世界有益的事。

救世主 是以色列民族的拯救者。以色列民族很不灵敏，不承认那个不能把自己从十字架上救下来的年轻木匠是他们的救世主。可是，他把基督徒们从死亡和罪恶里救出来了。在救世主为众赎罪之后，他们既不会死也不会犯罪了。关于这点不难令人信服，只要闭起眼睛就行了。

救赎 每个基督徒必须相信：宇宙的主宰受死之后，把人类从罪恶的奴役中解脱出来。可是人们还是继续作孽，好像什么也没有发生似的。由此可见，救赎是对人类非常有用的奥秘。

拒绝涂圣油 像让·尼维耳的狗一样，圣仆们并不经常是唤他们到哪里，他们就到哪里。在北纬48°地区拒绝——往往是非常冷酷地——垂死者所渴求的教会临别祝福。可是却企图用圣餐强行喂给那些对教会的这道菜毫无胃口的人。毫无疑问，这种行为是僧侣的大智大慧所指使的。

捐献 是供教士和僧侣大吃、大喝、大唱、过阔日子的特殊收入。捐献是为了使那些没有空闲唱圣诗的人们的葡萄园不被冰雹毁坏而提供的。大概雨和晴都是教士派遣到大地上来的。

捐献物 这就是教会出于对它的孩子的爱心而同意从他们不洁的手里接过来的礼物。人们献给上帝的一切,均属于僧侣。“各人所分别献给上帝的物,无论是什么都要归给祭司。”(《民数记》第5章,第8节)①

决疑者 是教会的数学家。他们善于把善良的基督徒可能做出但不致触犯主怒的所有蠢事归结为等式。

K

卡尔美里特僧团团员 是这样的僧侣,他们由于该僧团得神恩独厚具有了隐而不露的才干。只要世上的信仰不衰弱,他们就会更经常地表现他们的这种才干。

卡普勤(修道士) 是两足的山羊,禀性无知而且长着一身虱子,他们用难听的鼻音在自己的庙堂里哼哼唱唱。当他们出现在街头时,就引起老年妇女的虔诚欢呼和孩童的惊恐。

开除教籍 是教会牧师对其羊群中的癞皮羊所作的宗教上的惩罚。过去开除教籍的消息能使国王吓得目瞪口呆,甚至突然中风而死;现在这一措施不会产生如此鲜明的印象了。这证明信仰

① 俄文《圣经》为第8节,但按《圣经》中文版应为第10节。——译者

的衰落。

科学 这个有害的东西最好从每个基督教国家中除掉。被科学充满的人爬不进天堂的窄门。只有关于救度的科学是必要的;它很容易掌握,只要听僧侣摆布就行了。

可见性 是真正的教会的特性,这种教会应当是可见的,并且常常是可以触觉到的,尤其是当它决定开口大声说话的时候;而其他的一切教会在这样的时刻却躲起来,看不见了。

恐惧 是一切超智慧的开端。一当理智被恐惧所笼罩,它就永远不起作用了。懦夫对教会最为有用。如果人类变得勇敢坚强,僧侣就会陷于完全绝望的境地。

苦行僧 是受到教会正当的恭敬的圣者。他们为了成为最完美的人,拒绝社交,生怕对人们有所裨益。

刽子手 他永远是其国家中最好的基督徒和最虔诚的公民。他是僧侣的朋友,信仰的维护者,是对教士和神的事业最有用的人。

宽容 是一种有罪的、与僧侣意愿相反的思想方式。热心不够的基督徒才可能具有这种思想方式。他们背叛教会的利益,认为可以让每个人自由地想象大家反正不懂的事物。教会比任何人都知道自己的利益,它从不表示真正的宽容。各教派永远和到处都是相互仇恨、迫害和残杀;我们可以相信:这种情况将继续到世界末日,如果教会存在到那时的话。

狂乱 是神圣的醉态。教士在自己神圣的酒馆中出售烈酒,上帝提供大杯,喝酒的人则酒冲头脑,产生了这种醉态。

L

拉比 是意味着**教师**的希伯来语。耶稣基督禁止自己的使徒称为**教师**;这就是为什么他们的继承者强迫别人称他们为法师、大法师、圣师等等。对此提出什么异议是很难的。

拉丁文《圣经》 是圣灵口授的《圣经》的拉丁文译本。看来圣灵的希伯来文程度比拉丁文要好些。当阅读拉丁文《圣经》的时候,处处都使我们深信,上帝说的拉丁语比西塞罗这个精灵鬼差得多。

拉加[①] 在福音书中禁止称自己的弟兄为拉加。但僧侣向我们建议:如果弟兄不对,即不同意我们的意见,或当我们没有意见的时候不同意僧侣的意见,就打死他了事。

滥权 教会时常违反神的监视而滥用权力。只有当反对滥权的呼声太高的时候,才与它进行斗争。然而,只有失去信仰的人才会觉察到滥用权力,而信仰坚定的人从来是看不见的。

劳动 教士生在世上不像俗人那样是为了劳动。他们的劳动是精神劳动,因而,要求很大的强度。这种劳动就是幻想、说话、争论和为双手不停干活的人求福而唱诗。这种劳动极其有益,通常能得到优厚的报酬。如果僧侣的精神劳动只得到精神报酬,那他们会非常不满的。参看**雄蜂**、**吸血鬼**、**修道士**、**教士**。

冷淡 就是对基督徒应该注意的问题和事物漠不关心,这是

① “拉加”是极端轻侮的话,见《马太福音》,第5章,第22节。——译者

一种罪过,它可能导致宽容。基督徒应该燃起热忱。上帝极其厌恶冷淡的人,因为这类人会败坏他的妻子的情绪。他的妻子不能容忍那些呆若木鸡和胆小如鼠的崇拜者。

理性　在世界上对于理性的生物来说没有比理性再有害的东西了。上帝注定谁要受来世惩罚,就给他理性;上帝要想拯救谁或使之有利于教会,就仁慈地剥夺他的理性。打倒理性!这是宗教的基础。如果宗教合乎理性,如果它有说服力,那么,信仰将会怎样呢?此外,理性的呼声也是应该倾听的,如果它偶尔与教会的利益没有分歧的话。

礼节　就是上帝的仆役认为对自己方便的,并可随意改变以求符合神的不变意志的救度规则。

礼物　宇宙的统治者什么也不需要;圣洁的人应该粗茶淡饭并满足于精神礼物。上帝的教士们不是圣洁的人,所以上帝要求送给他们营养丰富的礼物。上帝把自己的恩赐降给大地,只不过是为了使人们有可能送礼给僧侣;这一点上帝在《申命记》里讲得非常明确。

礼仪　是僧侣严格规定的身体动作,其目的是使上帝高兴;礼仪的意义很大,宁让所有百姓死于火和剑,而不让礼仪稍有更改。参看**仪式**。

立誓　是一种隆重的礼节。在立誓时,十五岁的男孩或女孩向上帝许愿:终生做无益于社会的人;坚决执行折磨自己的决定,至死不移。

利未人　是利未支派的儿孙。他们由于以敬神为名的残酷行为,得到温和的摩西的奖赏,即取得了供圣职的特权。他们受摩西之托，屠杀了他的亲爱同胞，这些人是在亚伦指使下背信的。由此可见，我们的教士，利未人的权利和热忱的继承者，杀戮被僧侣引入迷途的流氓，是不无根据的。

利益　教会供职者的个人利益比任何人都少。他们仅仅忠于上帝的利益。大家知道，上帝非常贪财，而且他的妻子也是如此。教会亟需钱来安排家业。我们知道，圣仆非常关心人，特别是当这些人关心僧侣的时候。

炼狱　是烈焰熊熊的火炉。为了使天主教僧侣满意，上帝在其公正限定的时间内用烈火锻炼那些想彻底净洗的人的灵魂。但是他的僧侣却作了修正；迫使他迅速释放某些人的灵魂，因为僧侣要好好地为他们清洗一下钱袋。

良心　是我们内心对自己行为的评价；普通人的良心是由理性支配的，基督徒的良心则是由信仰、热忱和对神甫的恭顺支配的。由此可以得出结论：虔信者的良心常常驱使他成为笨蛋，甚至使社会混乱不堪。

列为圣者　是一种隆重的典礼。最高祭司得到来自彼世的可靠消息后，就举行这种典礼，向全世界宣布，某某修道士正在彼世享福并因此接受庆贺。而这个修道士是他从不相识的。

邻人　基督徒应当像爱自己那样爱他的邻人。但要知道，好基督徒应当憎恨自己。这就是说，好基督徒应当憎恨他的邻人，以便齐心协力同登天堂。

吝啬　是俗人的大恶。他们对教会应该慷慨。至于教会本身，慷慨对它就不合适了。所有财富都属于她的丈夫，如果她打算对俗人——这些不应该娇纵的恶棍——表现得过于慈爱，那么，丈夫就会对她大发脾气。

临终前圣餐礼 当基督徒准备登上伟大的最后的道路时，教会像慈父般地给他一点路粮。它担心灵魂在途中饿死，给他一块圣饼——这种食品很容易消化，但对一个到处流浪的灵魂的需要来说，是否太少呢？

灵感 是圣灵的仙气，从前面或后面吹入上帝选民的耳鼓。上帝用选民作传声筒，向广大的凡人传达自己的命令，而凡人则欢欣鼓舞，倾听向他们陈述的寓言。

灵魂 是以神秘不解的方式来影响我们肉体的神秘不解的实体。我们对于它只有一个淡薄的概念。由此我们应该得出结论：这种实体是精神的。可是，谁也不知道精神性是怎样一回事。灵魂是人的最高贵的一部分，对于它我们知道得比一切都要少。动物没有灵魂，或者说，它们的灵魂无论如何是物质的。教士和僧侣拥有精神性的灵魂，然而不幸得很，某些人不把它表现出来，也许是由于太谦逊的缘故吧！

龙骑兵 是凡尔赛宫廷派遣到新教徒那里去的最正统的传教士，其任务是驳斥他们关于化身的一些看法，使他们回到教会的怀抱，并向他们证明教皇和国王的听取忏悔的牧师永远不会错误。

驴 是长耳朵的畜牲，其特点是耐心和蠢笨。这是基督徒的真正原型。基督徒像驴一样，应该忍受鞭打和背十字架。耶稣曾骑着肯定不是他的驴驹子光荣地进入耶路撒冷；他想用这一行动宣布：神职人员有权骑在男女基督徒身上，可以鞭打他们，一直到打死。

论题 在神学中公开的和重要的辩论叫作论题。年轻的神学家在辩论中拿出自己的本领,彼此大打出手,其唯一目的是表明自己所受的涂油式即自己的信仰的质量很高。这些辩论在基督徒那里代替了希腊人的奥林匹克竞技会、罗马人的军事演习和那些在神学问题上是外行和无知的哲学家的谈话。

罗马教会 这个教会所管的百姓早就不知道拉丁文了,但还继续用拉丁文唱诗。这种习惯非常有道理,因为它有利于僧侣,可以使基督徒们像鹦鹉一样,不知道自己讲的什么,也不会因他们所唱的赞美诗集中的大量怪话而骚动起来。

罗马人 是一个卓越的民族。它由于军事占领而成了世界的统治者,它的种种权利按照上天的意旨传给靠讲经说法征服了欧洲的一个教士。凡是属这位教士管辖的基督徒,都称为罗马教徒[①];这支军队由卡普勤僧侣、圣芳济派修士等组成。禁卫大队由耶稣会教徒组成,主教是军事指挥,而国王供应这支军队的粮饷,如果他是道地的信徒。

逻辑 俗人以此称呼思维的艺术,而神学家则用来称呼使自己糊涂或强迫别人拒绝健全理智的艺术。神学家的逻辑在它以火刑和武器为后盾的时候有特别大的说服力。

M

买卖教职 买卖圣灵的赏赐是不容许的。主的仆役出卖它时极为小心;正如茹尔丹先生一样,他们出卖教职为的是钱。在罗马

① 即天主教徒。——译者

教会那里，只有火刑所用的煤和柴才不要钱。

麦基洗德 是无父无母的祭司。他是我们基督教教士的原型。教士们由于虔信而抛弃所有血亲，以便靠紧教会。当问题涉及教旗的时候，祭司必须忘掉祖国和家庭。

盲目的信仰 真正的信仰总是盲目的；它与头脑简单的人的信仰是一致的。它要求：天主教徒蒙着眼睛跟神甫老爷走，新教徒跟新教牧师走，伊斯兰教徒则跟穆福提[①]走。

冒渎 是对我们一无所知的事物发表议论或随便讲话，而这些议论或谈话又不适合事物的性质或者否定了僧侣所加给它的性质。由此可见，冒渎意味着同僧侣在观点上有分歧，这就显然是莫大的罪过了。

盟约 上帝有一个特性就是不变性。他和人们缔结了两个盟约。第一个盟约——他曾经发誓永不违背——早就失去效力；第二个盟约很可能存在到上帝或僧侣或王室不愿意继续时为止。

梦 基督教禁止我们相信梦，虽然《旧约》中赋予梦以很大意义。可是它允许我们相信幻想，如果我们不信教士的幻想，神圣的教会就要大发雷霆。

弥撒 是一套有魔力的仪式，用漂亮的拉丁语做的祷告和用高脚杯玩的把戏。只有教士才有权玩这些把戏。弥撒的任务就是使上帝回忆他儿子的死；就是景仰上帝的善良和他的神圣公义。

迷信 这是我们自幼就不习惯的宗教和宗教仪式。凡不是对真正的神的崇拜，都是虚假和迷信。真正的神，这就是我们僧侣的

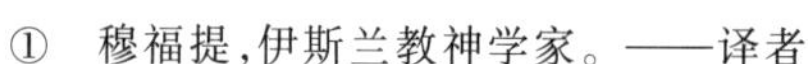

① 穆福提，伊斯兰教神学家。——译者

神，真正的仪式，这就是我们教士所采用的、教我们从小就学习的仪式。所有其他的仪式，不过是可笑的荒唐的迷信。

密友 在西班牙和葡萄牙这样称呼人缘好的人。他们由于禀性温和而为神圣的宗教裁判所做间谍和告密者。

明理 是一般人的世俗美德，它在宗教中是完全不需要的。基督徒的明理在于俯首就范；这是到达僧侣引导我们去的地方的最可靠手段。

谬见 与僧侣看法不符的任何对宗教问题的看法都是谬见。对基督教徒来说，最大的罪莫过于有谬见，而且惩罚极为严厉。老实说，只有火才能使有谬见的人豁然大悟，才能领他走上真理的道路。

摩尼教 是受到基督徒正义谴责和仇视的异端；该教教义的拥护者承认世上有两个势均力敌的本原。这种观点是绝对不许可的。基督徒承认一个万能的上帝，他的意旨时刻可能被魔鬼所违背。这种观点是彻底正统的。

摩西 是受上帝点化的先知。他曾带来上帝赐给他的法律。后来不适用了，上帝被迫作了修改。摩西曾和背着他的上帝不拘礼地谈心。[①] 根据别人亲眼所睹，摩西是最温和的人；虽然如此，他有时也下令成千上万地屠杀以色列人。这样，他为教会树立了榜样。大家知道，教会是最温柔的母亲，她却时常跟自己的爱儿大开杀戮的玩笑。

魔鬼 是天庭的首相，教会借以进行工作的杠杆。上帝一句

① 参看《出埃及记》，第33章，第18—23节。——译者

话就能使他化为乌有,然而他禁忌这样做:上帝非常需要魔鬼,因为他可以把一切只能归咎于他自己的蠢事记在魔鬼的账上。因此他不打扰魔鬼,并且耐心地忍受魔鬼对他自己的妻子、对他自己的孩子、甚至他自己本身的一切乖张行为。上帝没有魔鬼是不行的,敬畏上帝常常不外是对魔鬼的恐惧。要是没有魔鬼,许多笃信上帝的人永远既不会把上帝,也不会把他的僧侣放在心上。

魔术 魔术有两种:呼神的魔术和唤鬼的魔术。前者是神圣的,并且日渐为教会所采用;教士是魔术士,能使神和魔鬼在他们的笛声下翩然起舞。唤鬼的魔术是瞒着俗人的;僧侣只用它跟魔鬼打交道。

莫利那教派 是在神恩问题上与冉森教派持相反观点的集团。宫廷对神学极有造诣,曾经仔细研究过莫利那教派的体系,并且始终同意这种体系。至于谈到僧侣,他们通常所同意的,是那手里拿着教薪册的人。反对这个人的,只有少数从来没有得过圣饼的大胡子。

牧师 这是些受托牧放上帝的羔羊的人。他们大公无私地履行这一委托,只留给自己剪羊毛和屠宰那些羊毛不能令他们满意的绵羊的权利。国王是这些宗教牧师的狗,专咬离了群的或不让剪毛的绵羊。

牧师的教训 其宗旨是叙述神圣的寓言和窒息被牧者的健全理智。这些光荣的职权只属于僧侣,他们得到天赐的权利,把人民引导到符合僧侣利益的愚昧地步。

N

难民 是法国曾经明智地驱除并迫使其往邻国寻找避难所的一批异教徒。法国因此没有受到任何损失,它现在仍保持着纯洁的信仰。这种信仰足以保卫法国,防御异教民族,同时上帝由于自己的正统性也不会给予这些民族以任何援助的。

能与灵魂交接的人 是圣者、先知以及上帝的其他宠儿。他自古以来就喜欢把自己的幻灯画片给他们看,通常则把自己有趣的玩意儿给癫狂的骗子和歇斯底里病女患者看。

年代记 圣灵曾在《圣经》中准确地确定了创造宇宙的日期。但是他在这个问题上前言不对后语,依他之分别说希伯来语、希腊语或拉丁语为转移,指出了各不相同的日期。他这样做是故意的,为的是考验我们的信仰和跟苏斯埃先生和牛顿先生开玩笑。

女人 基督教对于漂亮女人们是非常厌恶的;必须是难看的和渐入老境的,才能博得它的青睐。凡不能诱惑社会的妇女都是上帝所喜爱的,也是合乎僧侣的心意的;虔诚的傻女人忠诚老实地以其神圣的谤语,神圣的倾轧,神圣的唠叨,而主要是以其对一点也不懂得的事情的愚忠,来为宗教,为接受忏悔的神甫,为低级教区教士服务。

女修道士 是耶稣基督强制留在世上补充后宫的神圣处女。她们之间每一个人都想要点小花招,以便能够有一天获得侍奉主的权利。她们在修道士和教士的监护下等待未来。修道士和教士并非阉人,有时给苏丹戴绿帽子,因为苏丹使人家等得太久了。

P

排钟 是神学的因而也是嘈杂的乐器。它像教士一样必须通告活人,提醒死人,要他们向教会缴款。排钟是好基督徒,因为它们受过洗礼。我们甚至有根据认为,它们保全了在圣水盘中得到的清白,这是大多数基督徒所没有的优点。

叛乱 是僧侣偶尔给世俗政权招致的小烦恼。得到教皇认可或对僧侣有益的叛乱是完全合法的,而有罪的是不讨教皇欢喜或不讨僧侣即上帝本人欢喜的政府。

叛乱者 上天只允许主的仆役成为叛乱者。凡想阻止叛乱者或强力惩治叛乱者的国王,就是暴君;如果他想使叛乱者恢复理智,那就更糟了,因为僧侣同理智是势不两立的。此外,僧侣也有仇恨理智的原因。

赔款 我们应当弥补我们所犯的罪,最简单的方式是把我们从同胞那里大量抢得的钱献给教士或者慈善机关。一切的罪都可以弥补,如果使教会得到满足的话。

皮浪主义 是一种可恶的哲学学说。它由于轻率而达到坚决怀疑一切的程度,甚至怀疑圣仆的好心,怀疑不惑的神学家能通神意。

譬喻 是不愿对听众过分明显说话的圣灵所采用的暗示方式。大概他是存心让神学家有机会显示其深谋远虑和聪明机智。

偏袒 在宗教领域内,它提供了正当地判断事物的可能性。毫无疑问,偏袒自己的宗教观念或偏袒受到牧师启示的人,不可能是没有根据的。

贫穷 在基督教中我们处处都可以遇到赤贫的现象。耶稣基督是一位穷神,甚至是一位赤贫的神;他的使徒是赤贫的一伙;主教们是赤贫的圣者;修道士们许下甘贫的宏愿;僧侣们用贫乏的谎言来维持会众;赤贫的小人们相信僧侣,给予丰富的捐献。僧侣的财产原是属于穷汉的,因此,没有比剥夺穷人的一切和使僧侣发财致富,更自然,更公道的了。

迫害 是教会为了使误入歧途的人重返正路并把他们的同情吸引到自己这里来所采取的可靠而仁慈的手段。教会本身也曾不止一次地遭受过迫害,但那都是冤枉的;恰恰相反,教会对别人的迫害总是合法的和慈善的。要有迫害的理由,就必须有真理在自己一边,而这只要公正就够了。教会永远不会是不公正的,尤其是当它有势力证明自己有理的时候。

Q

七十二贤 是对七十二个受上帝感动的犹太人的称呼。他们曾迫使圣灵讲希腊话,这些话和他用希伯来语或拉丁语所讲的互相矛盾。他们的创造行动锻炼了我们的信仰和教会教师的批判能力。

期望 是基督徒的美德,要求我们厌恶世上一切使我们快乐的东西,并等待虚无世界中的虚无福利。僧侣为取得我们的金钱而向我们许下诺言,说这些福利总有一日会洒在我们身上。

祈祷 是僧侣发明的公文套语,用以从慈悲的全能的上帝那里求得他的孩子们亟需的东西,或者使具有大智大慧的上帝改变自己的意志。不祈祷,上帝就不会知道自己的创造物需要什么。教士的祈祷是最有效的:他们从祈祷生意中获得相当可观的利润。在天国像在人间一样,没有钱是吃不开的。

奇迹 是超自然的现象,也就是与不变之神加给自然界的英明规律相矛盾的现象。如果有信仰,可以随心所欲地创造奇迹。一当信仰减弱,就不再看见奇迹,并且自然界的一切都不慌不忙地照自己的次序进行。

启蒙 教会不需要启蒙,因为它的神圣奠基者就是无知之徒。

启示 是神的意志的表示。全能的神亲自对那些不会向我们泄密的人作启示。神在世界各国都作过启示,但是,显然只有对我们僧侣的始祖所作的启示,才可能是真正的启示。最好还是相信僧侣,而且要句句相信,否则就会因怀疑其神圣幻想而有被吊死之虞。

《启示录》 是圣经中极其重要和异常有趣的一卷,牛顿曾予以评注。该卷包括圣约翰撰写的故事,这些故事虽不像拉丰登的故事那样趣味横生,但具有大得多的力量来彻底改变天真读者的头脑。三百年来,使徒约翰所属的希腊教会认为《启示录》是伪书,但对此熟悉得多的西方神甫却认为该卷是圣书,而这对于该卷被列入经典具有决定性的意义。

乞食僧 这些人曾立下誓愿:不要任何东西;靠有点东西的人过活。一个国家中乞食僧愈多,则这个国家愈好,因为游手好闲的人最合乎主的心意。他们至少会把自己享受不到的信任赋予别人。

器皿 所有的人都是器皿或瓦盆;圣保罗也如此说过。但是,其中一部分是上帝搁在壁炉上的器皿,用以美化自己的住宅的,而另一部分则是尿盆,他往往在把它们尿脏后送去重烧和清洗。

契约 是教皇同笃信宗教的国王签订的协定,他们根据协定支配绝对不是属于他们的财产。

谦逊 是基督徒的美德,由此可培养信仰。它对僧侣特别有利。应该永远认为僧侣的意见比自己的意见高明。这种美德就是自卑和害怕受到周围人应有的尊敬。显然,这种美德有助于培养伟大的人格。在教会中笼罩着一片谦逊的风气:主教是谦逊的;耶稣会教徒是谦逊的;红衣主教不把自己置于寺院看门人之上;教皇谦逊地高踞于所有国王之上,国王则谦逊地服从修道院的看门人。

前后矛盾 是一个神学术语,表示有时在上帝的话里遇到的矛盾。这些矛盾永远只是虚假的;它们只会引起无知的人的注意,而理智为信仰的光芒照射着的人们,清楚地懂得:上帝不可能自相矛盾,只要他的仆役不强迫他改变意见。

虔信 是一种美德。它在于:对我们毫无所知的上帝和我们深知的僧侣的热爱高于一切。除此以外,它要求我们像爱自己本身一样地爱邻人,但要在他爱上帝,并为上帝所喜欢的条件之下;如果情况恰恰相反,虔信就吩咐把他杀掉。而虔信的人首先应当想方设法使教士们发福;这就足以使他的一切罪过得到宽恕。

虔信的行为 这是教会巧妙臆造出来的用嘴巴、耳朵和整个身子做的一些小动作。很明显,人不做这些动作就不可能得到主及其仆役的欢心。虔信的行为在不信教的人看来常常觉得荒唐可笑,但对于僧侣却非常有益,经常给他们带来收入,并且使信徒习惯于绝对顺从。

强力 是对于保持信仰和繁荣教会所必需的美德。对僧侣来说,强力就是尽一切办法使执拗的人按照他们那样思维。对俗人来说,它就是千方百计地抗拒腐臭的健全理智的指示和牢靠地戴住圣仆加给他们的轭。

强权 即有权用暴力强迫顺从。教会那里无此项权利;它把此项权利给予了国王,其条件是,当它认为必要时,君主才可使用。

强制手段 是基督教中风行的强邀硬请,非得使那些信仰不坚的人走上或回到得救的道路。这些手段是:秘密逮捕令、拘禁、拷打,如果手头有炮,那就用炮轰。

侵夺权力 失去信仰的人们断言,教会常常把非其所属的权利据为己有。如果这些人被信仰之光照透,他们就会理解,教会是无罪的,它没有侵夺权力,因为它仰仗的是其丈夫的无限权利。侵夺者是那些不让教会侵夺权力的人或不让它享受只有俗人才能享用的权利的人。

轻率的判断 福音书禁止轻率判断,特别是俗人,决不允许判断自己精神领导人的行为。如果俗人碰到某修道士或某修道院院长在淫秽的场所,那也应该认为:他们到那里去是为了拯救生灵,为了主的更大的光荣,而主是不会因他的朋友逢场作戏而生气的。

轻信 每个善良的基督徒都应该忠厚老实,这样就可不加探究地相信以自己的精神导师的话为依据的虚无事物。要知道,精神导师是不会错的,尤其不会骗人,因为这样做显然是不好的。

情欲 这个词也许在非礼勿听的耳朵里是个不十分体面的词,但由于它是一个神学术语,因而就十分体面了。这个词表示人类对于可以使它得到快乐的一切的爱好，这种爱好是在亚当陷于罪恶之后，为人类所获得的。

全知　是仅仅为上帝所固有的特性。然而他假装似乎不知道我们应当做什么，因为我们在行动上是自由的。神把他的全知交给了教士；神学家是永远无所不知的，从不对什么有疑问。在那些谁也弄不清楚的问题上，特别出色地显示了神学家非凡的洞察力。

诠注者　是有学问的人，他们呕尽心血，有时得以使上帝的话和健全理智协调起来，或者找到稍许能减轻信仰的重担的字面表达方法。

确实性　在宗教上，确实性建筑于这样的信念：受过登极涂油式的圣人自己既不可能犯错误，也不会使我们走入迷途。由此可见，神学的确实性比物理学的确实性更加可靠，因为物理学仅凭感觉，而感觉，如所周知，是会欺骗我们的。

R

冉森教徒　是冒牌的天主教徒。与至圣之父和僧侣的意见相左，他们千方百计地希望被认为是教会的正统子孙。有实际效用的神恩的思想至今还没有征服宫廷。可是它在圣奥诺勒大街上，在马尔埃街区和市场区以及在某些议员那里却取得了很大成就。冉森教徒，当优势不在他们这边时，是相当软弱的人；但只要声势一大，马上就不软弱了。尽管他们的作风很严肃，但一当看到上帝每天暗中为他们生产的惊人奇迹时，也偶尔会笑逐颜开。特别是在大斋的日子里，他们的快乐就不可名状了。

热忱　是往往与心理失常同时发生的神圣热病，伪善的男女常常生这种热病。人类有这种流行性的传染病应归功于基督教。在十八世纪中，基督徒从上帝之子和他的僧侣恩赐给人世的历次危机中得到很大好处。如果上帝或国王不结束这些危机，它们是永远不会终止的。

人　按通常的定义，人是有血有肉的动物，用两足行走，能感觉、思想和判断。但是，在福音书和让·雅克·卢梭看来，人不应该感觉、思想和判断；甚至应该匍匐而行，好让教士轻快地骑在他身上。

人道　是一种世俗美德。如果你希望做一个好基督徒，就必须在自身中消灭它。它几乎永远不会符合神的利益的；如果神的仆役讲究人道，那么他们就必须挨饿了。何况他们对天国的利益如此忠诚，以致无暇考虑人类的利益。

神的仆役对人道是陌生的，可是他们却教给我们初步的人文知识，当然，其中加入了少许的拉丁文和十分多的教义问答。

人口增长　这是有害于基督教民族的。严格说，他们应该普遍不婚。选民人数极少，被遗弃的人很多；一国的人口愈多，则其中被遗弃的人愈多。可见，人口增长对国家的兴旺极为有害。

人类学　教会著作家常常具有的独特观点。这种观点在于：把手、眼、情欲甚至卑鄙行为加之于圣洁的、以其恩德统驭宇宙的神。上帝按照自己的样子创造了人，而教士们则按照自己的样子创造了上帝。这就是为什么上帝在他们中间引起了那样的赞美。

人民　是教会的支柱，是教会劳绩的慰问者，教会权力的拥护者。大家知道，人民是深谋远虑的神学家。教会制定了自己的教条不是为别人正是为了人民;凡博得人民赏识的人,不可能是坏人。人民的声音是上帝的声音。的确,上帝经常批准人民的强烈要求;不过,人民的强烈要求,只是僧侣命令他们提出的。

任圣职者 是包括所有基督徒在内的类概念。这些基督徒都是献身于上帝的人,或者觉得自己天生应该活着不工作而依靠为了活着而工作的闲人。

忍耐 是全人类和基督徒的美德。这就是忍受我们不能和不敢预先防止的灾难。上帝给了僧侣一个任务,即考验那些通常表现得专横和易于失去耐性的国王的耐性。

荣耀 上帝的教会轻视世俗的荣耀。教会供职者对此十分冷淡。主教对爵位、勋章、车骑显然有讨厌情绪,因而不会接受人们对他们的尊称。

肉体 它永远是与精神相对的。禁绝肉欲,这是保持精神愉快的可靠办法。肉体的享乐就是淫逸。

肉体的 凡非精神的都叫作肉体的。肉体的人,就是那些迟钝到认不清精神幸福的价值而宁愿要尘世幸福的人。一般说来,凡不幸成为由血肉制造起来的和具有健全理智的,都叫作肉体的人。

S

撒母耳 是爱争吵的犹太先知。他没有足够勤勉地研究格劳修斯和普芬多夫的国际法,他曾经把别族国王分尸,使本民族国王登位和退位。但是,总的来说,当人们不反对他的时候,他是一个非常随便的人。

三位一体 是一种不可言传的奥秘。这是基督徒从柏拉图那里弄来的,并且成了我们神圣宗教的信条。根据这个奥秘,上帝由三位神组成,而三位神又构成一个统一之神。三位一体的教义在不理解柏拉图的人看来是荒谬的。这位教会之"父",臆造了三种观察神的办法;我们神圣的教师们则从神威制出了长着大胡子的**父**,从理性制出了生自父并且为了消除父怒而被钉十字架的**子**;从善良制出了变成鸽的**圣灵**。这就是全部奥秘。

三重冠冕 只有教皇有权戴这种皇冠,以示他有全权统治天、地和炼狱。

僧侣 是每个文明国家里的第一等级。这个等级由神任命履行最高尚和最重要的职能,而首先是唱圣诗,并向听圣乐的收费。僧侣们的财富的主要来源是耶稣基督的遗产转入他们之手,大家知道,他身后留下的产业是不少的。

僧侣的誓愿 是向神许下的庄严诺言:做一个对自己和对别人都无用的人;在神圣的贫穷、神圣的淫荡中过活;神圣地顺从某某圣僧或圣尼的意志。但是,圣僧圣尼们却把自愿听他们摆布的人弄得如痴若狂,以之作为消遣。

僧侣的自愿馈赠 僧侣得上天眷顾免除了对国家的一切义务。如果他们也考虑到它的需要,那仅仅是出于宽大。他们生活在国家里,只是为了受国家保护、尊敬和酬谢;他们不仅容忍它,而且进行祈祷和教育来帮助它,并为它减轻各种收入的担子,这样给了它莫大的荣誉。

僧帽 是用来遮后脑、掩盖僧侣脑瓜中知识的一块呢子。如所周知，关于这块神圣的呢布的式样问题，曾在教会供职者中引起激烈的争论，并且有几百名戴僧帽的僧侣受了火刑。

僧团　是修道士的各种队伍，他们是志愿在圣军中服役的。人民在物质上酬劳僧团，僧团则从精神上保护人民，使之不受自由批判的精神侵蚀，并用精神的雨露来浇注人民的灵魂；这种酬劳将促使修道士的身体健壮。

杀人　俗人犯了杀人罪应送交普通法院，神职人员则送交特别优待的法院。在某些国家中，僧侣享有杀人越货的权利，而不理睬公正裁判。此外，大家知道，教会从上天获得杀害异教徒和信仰的敌人的权利，或者，至少是获得把这件事委托俗人去办的权利，因为僧侣厌忌流血。

傻瓜　参看**基督徒**、**无知**、**轻信**、**信仰**各条。不信教的人，即傻瓜用他们凡人的眼光只看见我们神圣的教会里无非是一些愚人蠢事，别的什么也看不见。他们在其中发现一个愚蠢地让人钉在十字架上的愚蠢上帝、一批愚蠢的使徒、一些愚蠢的奥秘、愚蠢的见解、愚蠢的争论以及一些由蠢人们来举行使远非愚蠢的僧侣得以生活的愚蠢仪式。

善举　凡对教会的捐献、馈赠、遗嘱都叫善举。其目的是靠牺牲善人的家庭和亲属的利益使圣仆大发其财。

上帝　是僧侣的同义语，或者是神学事务的经理，僧侣的老管家，供应圣军的全权代办（如果乐意这样称呼的话）。上帝的话就是教士的话；上帝的王国就是僧侣的停尸室；上帝的意志就是圣仆的意志。侮辱上帝就是侮辱僧侣。当人们说上帝震怒的时候，这意味着教士的肝脏出了毛病。一旦用**教士**一词来代替**上帝**，神学就会变成最简单的一门科学了。由此可见,世界上没有真正的不信神者;因为一个头脑清醒的人会否定僧侣的存在吗?僧侣们给人的感觉太好了。

上帝的羔羊 即耶稣基督。《圣书》吩咐我们要躲避羔羊的**发怒**。据《启示录》所载,它比狼凶狠,比公鸡容易生气。参看**地狱**。

上帝的话 是每个宗教的僧侣代表最高主宰所宣讲的绝对正确的预言。上帝颇识大体,永不会否认这些预言。沉默就是同意的表示,上帝永远同意他的僧侣所说的话。在基督徒看来,上帝的话是双锋剑。这是实话:不管从哪一边去碰它,都有被割伤的危险。

上帝的荣耀 毫无疑问,上帝具有纯西班牙的骄傲。他的仆役不断地向我们申述这一点。他们仅为了上帝的荣耀,就把世界闹得天翻地覆。他们的所作所为完全正确,因为上帝创造世界是为了自己的荣耀,而上帝的荣耀与教士的荣耀是永远一致的。

上诉人 是法国对冉森教徒的称呼。他们因**唯一诏书**[1]的颁布理智地向未来的世界宗教会议上诉,那个会议将彻底解决所有关于神恩的争论。据最近消息,这个会议将无条件地在最后审判前夕召开。

奢华 教会与她的丈夫的脾气相反,像任何女人一样地酷爱奢华。圣母,教会的婆婆,喜爱浮华不亚于儿媳:使这位圣母最快

① 唯一诏书(Unigenitus),罗马教皇克莱门特十一世1713年所颁布,宣布冉森教派是异端。它在冉森教派的拥护者与反对者之间引起了激烈的争论。——译者

乐的莫过于穿新舞服了。

蛇 过去蛇会说人话。蛇曾经诱惑人类的老祖母。现在许多蛇勾引和诱惑她的小孙女,不过现在它们已经不能讲话了。上帝的仆役必须灵巧像蛇,而俗人对他们则必须驯良像鸽子,温驯像羔羊。

赦罪 罗马教会的教士根据神的公文,对罪人宽赦。这种办法非常巧妙,能鼓励失去羞耻之心的恶棍。如果教会不支持这帮恶棍,他们也许会受到良心谴责的。

赦罪符 这是教皇和主教为了某种奖赏而发的作恶许可证。由于赦免,不许可的和犯罪的行为就成了合法的,甚至是值得表彰的,因为赦罪费充实了天父和他的钱柜。

神的事业 这就是教士们的事业;大家知道,他们是上帝的律师和经纪人;然而他们没有从上帝那里取得不使用暴力来经营其事业的全权。

神的属性 是不可思议的特性。神学家们由于经常思考这些特件,认为可以把这些特性加在他们毫无所知的神身上。对于没有信仰的人来说,这些特性是彼此不相容的;但是,如果放弃思考,它们就会很容易协调起来。神学赋予神的恶劣特性教导我们:神跟我们所能认识的东西一点也不相像,这样一来,就给我们提供了一个关于神的极其确切的概念。

神的襄助 乌尔斯埃先生认为:在人作出某种行动之前,上帝要襄助他按照自己的自由意志行动。干涉自由意志,为神所不许:这样的干涉可能会使人的良好行为变得一钱不值。

神的正义 跟人的正义毫无共同之处,而神学家却对它了如指掌。由于神学上的正义,上帝使所有的人因一人犯罪而受苦;由于同一正义,他容忍了他自己无罪的儿子被处死刑;由于正义,僧侣把那些失去神恩,不像他们那样思考的人送上火刑场。由此可见,神学上的正义跟人类所说的正义毫无共同之处。

神恩　是上帝奖给他心血来潮时所想起的人的礼物,同时保留了对于那些他不愿借此礼物使之得福的人的惩罚之权。神恩是否能**真正**或者**充分地**产生预期的效果,迄今还是一个悬而未决的问题。我们希望,慈悲为怀的上帝在神恩的性质问题上启发我们一下。

神国　神国不属这世界。[①] 基督本人曾这样说过,但这不是中肯的说法。实质上是说,在这里,在尘世,只应该由教士为王。可叹啊！国王的信仰不坚常常破坏教士们的神圣宏图。如果我们有十分坚定的信仰,国王也许会成为僧侣的忠实奴仆。

神力　不管什么巨大事件、变革、人民的灾难,都给僧侣带来好处,这就意味着神力在起作用,因为神总是关怀自己的朋友——教士的利益的。不过,撒旦有时也给上帝一顿厉害的教训。

神秘的涵义　这种涵义任何人都不理解,或者使本来需要解释的东西更加模糊。每当神学家在圣书中碰到某种与健全理智相矛盾的章句,他就得寻找神秘的涵义。信仰吩咐你们同意他,虽然不管你们或者是他,都一点不懂究竟讲的什么或他所作的解释是什么意思。

神权　是那些有势力的强迫别人服从的人们随意享用的权

① 《约翰福音》,第 19 章,第 36 节。——译者

利。大家知道,上帝是僧侣的同义语,由此可知,僧侣的权利就是神权。教会从上面承受了不可争辩的权利,把神权占为己有,并禁止人民怀疑其神性。

神权政治 是摩西为了利未支派的需要而发明的顶好的政体。在此政体下,上帝是唯一的最高权力,因而他所眷爱的教士便成了人的肉体和灵魂的统治者。这种神圣的政体应该到处存在,特别是在基督教国家中,那里国王应该充当僧侣的奴仆。

神圣的爱 是真诚的爱慕。每一个善良的基督徒在来世受罚的威胁下,必须爱慕被神学家描绘得穷凶极恶的莫名其妙的东西,以便训练自己的信仰。爱上帝是我们的天职;我们特别感谢他赐给我们神学。

神托 是晦涩的和模棱两可的回答。这是魔鬼、各种各样谎言之父很久以前通过曾被认为是骗子的多神教祭司之口说出的。耶稣基督的降临使这些不确实的神托绝迹了;从此,神的回答清楚易懂,而且也不引起任何分歧了。

神学 是意义深奥和神圣的科学。它使我们习惯于议论我们不懂的东西,使我们失去关于我们完全可以理解的东西的明确观念。由此可见,它是最高尚最有用的科学;而其他科学则没有超出可知的范围,因而应该受到轻视。没有神学,国家就不能存在,教会就要毁灭,人们就不知道神恩、定数、**唯一诏书**,而对于这些东西是必须有正确观念的。

神学道德 神学道德之所以叫作神学道德,因为它们是神学家所需要的,并且是从僧侣们的利益着眼的。神学道德有三:**信仰**、**希望**和**仁爱**。信仰使各国人民处于僧侣们的支配之下,希望用不能实现的诺言为人民解愁,而仁爱则使人民关心僧侣,让他们过一切齐备的生活。

神学上的争论 是重大的纠纷。它们是为了上帝的荣誉,为了使上帝的妻子开心而逐渐地在不犯错误的各神意机关中发生的。由于这些神意机关都同样是不会错误的,所以它们不可能常常冲突。这些争论在很大程度上对教会有利,因为分歧只触及形式,实质仍然未变。最好是:国王干涉这些争论;这会增加威信并迅速结束争论。

神学问题 其意义异常广泛。譬如说,亚当是否有肚脐,他所吃的果子属于什么品种,是否必须相信托维的狗摇尾巴,圣子能否变成母牛等等都属于这类问题。宗教裁判所在严刑拷打异教徒,强迫他们承认他们自己所不知道的罪行时所提出的问题,也可以列为神学问题。

神学校 是神圣的学校。那里在主教的监督下培育上帝的未来奴仆。他们在学校里从年轻时起就要熟悉天国货物的价格,以便将来适时地出去做生意。

神意 这个词意味着神对自己的僧侣的贫困表示极为关切。在神意的保佑之下,教士可以安宁。他们甚至可以叉手闲坐——神意给他们衣服穿,给他们饭吃,安排他们起居。不管人类其他部分的境况如何,祭司有了神意,其他什么也不需要了。

生意 教士和修道士是禁止做生意的;但是他们可以出售彼岸世界的稀有货物,完全合法地从中取利。在法国他们就是靠这种无本万利的生意攒钱的,这是相当好的集资办法。大家知道,耶稣基督曾从神殿中赶走了生意人;很可能,这是些不合适的俗人,耶稣基督想让他们知道:只有僧侣适合于把主的房子改为货摊。

圣彼得　是一个平步青云的贫穷而愚蠢的渔夫。他成为使徒之首,是由于其名字取得好,给了教师说双关语的口实。至圣之父的一套诡计都是用双关语来施展的。

圣餐　是教会的午饭,备有几块相当薄的肉片,这给基督徒吃正合适,但对于那些信仰薄弱的人来说,是难以消化的。

圣餐盒　是教士用以保存一批神的小偶像以免老鼠破坏的神器;他们把这些小偶像给基督徒吃,如果这些教徒操行良好的话。

圣餐礼　是宇宙的主宰以自己的肉体供僧侣以及一切胃口健康,能消化这一道菜的基督徒享用的伟大圣礼。

圣诞节的斋期　是用来禁绝肉欲和沉痛思忆的,这时善良的基督徒都渺茫地等待救主降临。

圣芳济派修士　是讨饭为生的修道士。五个世纪以来,他们以自己的节制、童贞和无可非议的论据,为教会增光不少。他们没有财产;大家知道,他们喝的稀汤都是教皇的。

圣化[①]　是一个有魔力的词。教士能够用它迫使全能的上帝不吃早饭而且变成一块面包让别人吃。

《圣经》　是一部天启圣书,其中包括全部基督教徒须知及其行为准则。禁止俗人阅读该书是非常合理的;上帝的话也许会损害他们,最好让教士念给他们听;只有僧侣生有健强的胃来消化该书的内容;而俗人应当满足经教士消化以后而得的产品。

圣礼　是神圣的标志和仪式。上帝的仆役通过圣礼把神恩的

① 这里指的是使面包圣化。——译者

重担从天上运下来架在信徒肩上,并且把金钱从俗人的口袋抓入自己的口袋。某些基督徒认为计有七种圣礼,另一些则认为此数夸大不实。不言而喻,后者不对:凡谈到神恩的地方,都是不夸张的。

《圣礼书》 是用优美的拉丁文写的祈祷书。助祭和领教薪的人必须天天朗诵,以便挣得必要的生活资料;除了干这个行当,他们对社会是无用的。

圣灵 是基督徒的唯一之神中的第三位。他的职能是用神恩庇佑教士,并且当教士需要他的时候永远与他们同在。在有血肉的人看来,圣灵常常表现出相当大的不灵。

圣母 是圣子的母亲,教会的婆婆。她在精神上受上帝—父亲的保佑。因为上帝是纯粹的灵魂,他不和她结婚。很清楚,结婚是需要肉体的。

圣仆 这是一个宣布自己为神圣并为了众生的福利而遍布全国的阶层。圣仆在此世的职能是:向我们反复申述彼世;压制理性;捏造和讲述荒谬的神话;清除那些不信他们的人;接受最好的奖赏,因为他们为人类贡献了伟大的劳绩。各个宗教彼此之间的区别很大,但圣仆这一阶层却到处一样地表明他们的出身的神圣性,而且不容反驳。

《圣书》 就是《圣经》。这本集子是上天特意送下来的,以便教士能在其中找到他所需的一切。在这本集子里,包含着基督徒应该知道和应该做的一切,但是,要懂得这些东西,必须读破上百万卷的神学注释和详解。

圣水 多神教徒称之为洗罪水,但是,我们的僧侣却用特别的魔术使之具有了基督教的神圣性。这些魔术载在名叫**圣礼书**的魔术书中。

圣堂杂役 他们像教士一样是靠祭坛养活的工役;有人亲眼看见,他们把祭神的食品投在自己的薄羹里。

《圣徒传》 是有教益的充满奇迹的故事。在自由思想者的批判使信徒的轻信冷却之后,现在读的人不多了。

圣物 凡非世俗的,都是神圣的。凡为了僧侣的利益而宣布的俗人不可侵犯的东西,都叫作圣物。这里包括:教士的人格,他们的财产,他们的权利、预言和规定。上帝严厉地惩罚那些侵犯这些圣物的人。

圣油 是香科和油的混合物。主教用它来做法;它能使神恩从天而降,还能涂抹过分枯瘦的基督徒。

圣约柜 这是对僧侣的钱柜的叫法。上帝当你触及他的妻子的首饰箱时是不爱开玩笑的;大家知道,首饰箱中藏着团体的珍宝。常常接近这块诱人的地方的国王,如果他没有被信仰控制住,有时并不反对把手伸到那里去;他只要行事妥当,可以去碰碰运气,未必冒特别的危险,因为上带有时要小睡片刻,一声不吭地让他偷去钱柜。

圣约瑟 是圣子名义上的父亲,典型的老实汉子,甘心戴绿帽子的人。他做了荒诞无稽的梦,而他的老婆却和上帝、他的使者或罗马大兵潘杰拉共行逍遥乐事。

圣约书 永恒的上帝毕其一生编写了两部圣约书或遗嘱。第一部叫《旧约》,第二部叫《新约》。教会承认第一部只是因为这一部对它有利;在所有其他方面,教会则按照自己的方式遵守新约。

新约的特点是确切，以致在继承者之间还从未发生过争论。在无知即虔信的世纪里，要是俗人的遗嘱没有把相当可观的一笔财产施舍给教会，那么，遗嘱就被宣布无效。

圣者 是对人民非常有益的人物。由于他们诚心祷告，持戒苦修和大嚷大叫，信徒给了他们不朽的灵光并把他们列入教历。要成为圣者，就必须做一个对自己和对别人都无益和不相宜的人。

圣者的香气 一般圣者并不特别讲究。然而从卡普勤僧侣身上散发的香气（特别是在其死后），对于那些虔诚人的鼻孔，比高级香水对于世俗人的嗅觉，更为诱人。

圣职等级 谦逊的主教常常发生关于他们当中谁最高的争论。上帝对此非常关切；如果他的一个教区的仆人被迫向他另一教区的仆人让步，也许会使他非常伤心。

圣子 就是人子；人子就是上帝，他的父亲；而圣父就是他的儿子和圣灵。所有这些对于没有信仰的人来说，不过是胡说八道；对于索尔本来说，却了如白昼。

施舍 把自己或别人的东西分发出去，就叫作施舍。其目的是无限期地延长教士、修道士、寄生虫和所有认为祈祷比劳动舒服的人的神圣闲暇生活。

失神状态 是神圣的痉挛[①]。在痉挛时，信徒特别是女信徒会有幸看到而不是梦见一切怪事。凡得到上帝所恩赐的胡闹和欺骗的能力的人，通常会发作这种失神状态。

① 祭司或女巫为了骗人，常常装出一种极度兴奋的激动情态，像为痉挛所苦的病人一样，身体剧烈地抽搐，口中断断续续地讲述预言。——译者

时间　对俗人具有这样大的价值的时间，在教会里是没有任何意义的。教会神职人员把经常消磨时光当作自己的天职。的确，时间跟永恒性相比又算得了什么呢？参看**直观**、**思考**、**虔信的行为**、**节日**。

十字架　是得救的信号和旗帜。这就是两根交叉着的棍儿，像一个绞架，上面悬着上帝。主的仆役，如让·德桑托缪尔，成功地利用十字架屠杀了前来抢劫他们的葡萄园的流氓。**背十字架**意味着陷在圣忧之中，意味着使自己忍受苦难；在别人碰不到好运时，就建议他们忍受苦难，以便帮助他们进入天堂。

十字军远征①　是根据教皇的命令组织的神圣远征，其目的是把欧洲从大量的虔信坏蛋手中解放出来，这些坏蛋为了获得上天对他们在本国所犯罪行的宽恕，便不顾一切地走到异邦去犯新的罪行。

使命　是神的心声，它强迫十五岁的少年在寺院中闭门修道，以便有幸度过寂寞的一生。从事牧师工作的使命就是想得到教薪或其他收入的神圣愿望。破产家庭中年龄小的，或是感觉有一种不愿为社会谋福利的强烈倾向的，都是受到神的指示，才有这神圣愿望的。

使徒　这是对十二个目不识丁、一贫如洗的人的称呼。他们像教会小吏一样是上帝之子在人间的侍从，并受命担负启蒙全世界的工作。使徒的继承者在后来利用他们没有学过的神学而飞黄

① 十字军远征是11至12世纪西欧地主、封建主、商人、僧侣在从伊斯兰教徒手中解放巴勒斯坦的“主的墓地”的宗教斗争旗帜下所进行的掠夺性的军事冒险。——译者

腾达起来。可是，僧侣正像贵族一样，越是飞黄腾达，则离开自己的源头越远，或者跟自己的创始者越不相像。

世界秩序　是世界上的完善制度。凡戴着信仰的眼镜去看大自然的人，都有幸见到它。这种眼镜掩盖了宇宙的所有缺点。戴着这种眼镜，就看不见疾病、战争、罪恶、地震和不可容忍的神学家。只要我们的圣仆吃得饱，吃得津津有味，那就一切平安。谁阻碍他们消化，谁就是社会秩序的敌人；从而上帝就不得不破坏世界秩序，而国王就不得不破坏社会秩序了。

世俗的东西　世俗的权力是暂时的，应该服从永恒的宗教的权力。教会的世俗财产是不可侵犯的，因为它在僧侣手中就成了永恒的和神圣的。教会的供职者如此热心地维护它，就是因为它是属于上帝的。虽然上帝是纯粹的灵魂，但总还非常珍视暂时的世俗财产，因为没有它，上帝的仆役是不能生存的。

世俗政权　就是国王、官吏、兵士和刽子手。关心自己孩子福利的教会具有温柔的慈母之心，凡不忍亲手杀死的人，都交到世俗政权手里。

弑君　是慈母的惩罚。教会有时用以对待那些对教会供职者稍有不敬的国王。阿奥德，圣托马斯和布赞巴乌姆神甫证明，弑暴君是合法的事情。参看**暴君**。俗人则对按教会指示的弑君行为感到愤慨。这些无知之徒是否知道，在古罗马父母有杀亲生儿女之权呢？

弑神　是犹太人所犯的罪。他们把上帝处死，并没有认出他就是那个诱他们入圈套，随后又责罚他们落入圈套的棕黄头发的犹太人。

谥圣 是一种隆重的典礼。百年以前死去的圣者的奇迹或是关心这位圣者的名望的人的金钱,刺激了至圣之父;他便举行这种典礼,宣布此人现在在天堂中,可以怀着无愧的良心向此人献蜡烛祭,也可以为了纪念此人而布施僧侣。

试探 是无所不知、善观人心的上帝为自己的宠儿设下的圈套,以便揭露他们的秘密打算从而知道如何对付他们。

受过登极涂油式的圣人 这是些非常有油水的或者是有权接受有油水的礼物的人。在所有时代,教士表现得爱油;他们到处以油为生,油是经他们祈祷后上天赐予的。上帝曾通过先知耶利米之口答应用油灌足自己宠爱的僧侣,因为这对他的百姓有益。“我必以肥油使祭司的心满足,我的百姓也要因我的恩惠知足。”(《耶利米书》第 31 章,第 14 节)在天主教会中,教士手指上要涂圣膏,以便他们能治好那些被吸光了油的人的精神创伤。

受难 是对于保全人类所必需的行动。人类的本性从原罪使之堕落时起就注定了要受难。如果不发生这种值得记记的蠢事,我们就会与木石无异,从而处于圆满的幸福之中。基督徒只应该按照僧侣所指示的那样去受难。

授祭司职礼 这是所有圣礼中对教会最有益的。因为不用费力就可繁殖对于我们精神福祉来说是不可缺少的利未支派。主教把他的神圣的脚掌踩在俗人的头顶上,好让圣灵的恩赐,特别是分派这些恩赐的权利降落在自己身上。

授教职礼 顾名思义是制造教士而不是制造骗子的圣典。通过这种神圣的法术可使圣灵降入教士的脑袋,教士从这时起就口吐真理,但是,有一个条件:他所说的是经他的主教同意的,而大家知道，主教又是从第一手获得信仰的。

书籍 其中只有祈祷书对教会有用。基督徒顶多还能读读《模仿基督》、《圣徒传》和《日课经》；而所有其他的书最好是付之一炬，或是陈列在寺院图书馆内，摆在那里是不会贻害任何人的。

赎罪 就是向上帝还债。这是遵照教士、神的管事的指示做的。如果贿赂了管事，上帝就可以恕罪，并且用不着赎罪。

衰朽的人 这种人的自然状态是：颓唐，堕落到不重视自己的安宁，衰弱到无力谋求自己的幸福。上帝之子做了不少的事情来消灭衰朽的人，但是，他跟他的僧侣一样，迄今尚未取得任何一点可观的成绩。也许将来他会荣获成功，扭转既成的局势。

说不出的东西 神的所有特性是说不出的，即超出了人类所能理解的界限。既然教士只从事考究神的特性的工作，那么，善良的基督徒就该认为，教士的确知其所以然；对于教士来说是最简单的东西，对于凡人来说就是说不出的东西。

说服力 它是由迫使我们相信某物的有力的理由和不可反驳的论证构成的。低级教区教士说的话、无知、习惯和特别是害怕招来是非的情绪都会导致宗教和信仰。

私生子 这是些坏坯。他们的双亲没有向教会缴费换取同床共枕的权利。根据对原罪所作的贤明裁判，私生子应该代承自己祖先的罪孽而受到惩罚；他们应被剥夺所有财产，而这些财产，只有及时缴过费的夫妻所生的孩子才能享受。

思考 对于好基督徒来说，没有比思考自己宗教的奥秘再好的活动了。在这个活动上，他可以消磨很多的时间，特别是当他力求了解这些奥秘的意义的时候。

思想　人们头脑中所发生的本能的动作，特别是不听僧侣指挥的动作，会给上帝带来绝大的侮辱。教士享有代替别人思想的特权。凡不按照教士的指示思想的人，都要受到上帝的诅咒。这就是为什么教会供职者如此热心考究信徒的良心：他们担心在信徒的头脑中出现某些走私思想。

思想自由　它应该受到严厉镇压。教士领取代人思想的报酬，而信徒则是储蓄银钱，以备付给代他们思想的人。

死亡　是对罪孽的报复。如果不发生亚当堕落的事，那么，不管是人、树木或狗就都不会死亡了。所有的树木以一棵结了禁果的树为代表犯了罪；所有的动物以一条诱人的蛇为代表犯了界；所有的人以亚当为代表犯了罪，这就是为什么人、动物和植物都注定了要死。但是，值得安慰的是：死对基督徒来说就是开始真正的活，是我们圣仆的最好收入来源，他们从死人身上取得的利益不少于从活人身上取得的利益。死尸的气味强烈地吸引着神圣的窃贼。

寺院　是一块圣地，一群男女修道士被关在里面。当需要向俗人收集教会布施费的现款时，就把他们放出来。尼庵的好处是：使家庭，特别是长子，摆脱了难以处置的姐妹。此外，在这些神圣的机构里，还培养了许多女代表；从她们当中造成了一批轻信、害怕来世受苦、无知和虔信的女公民，一句话，造成了一批对僧侣非常有用的傻瓜。

俗人　是肮脏的、不洁的畜牲。它们不准进圣所。僧侣叫它们驮东西，骑在它们身上。通常是骑乘者豢养自己的马匹，而在神圣的教会中，习惯是马匹豢养骑乘者。

俗有化 是世俗政策的渎神行动，即从僧侣那里剥夺教会的财产，交到异教徒国王手中。这激起了天主教会的愤怒，因为它打击了至圣之父的神圣政策。

宿命论 是一种奇怪的学说。它把世上所发生的一切都归之命运。世界由上帝的确定不变的命令统治着。没有上帝的意志，头上不会掉一根头发。如果真的一切皆是定数，那么，就得与人类意志自由的学说告别，而且僧侣也会失去立足之地，因为他们就不能注定某某人为自己的过失而在来世受苦了。

索尔本[①] 是制造神学大师的国营工厂。它年复一年地用神学大师充实法国。他们从那里出来时都已从头到脚武装好了。他们只消十年，就能精通拯救百姓灵魂所需的一切，就能在信仰事业上引导百姓。

所罗门 他是最英明的王。他从上帝那里得到智慧，因此比他的父亲还要风流，当然他的父亲在这方面也不是傻瓜。这位英明的王身边有成千的妻妾，口中却英明地叫喊着一切皆空。

T

探究 对于善良的天主教徒来说，最大的罪就是想探究自称不犯错误的僧侣所说的话。新教徒是允许作这种探究的，因为他的僧侣不认为自己不犯错误，不过有个条件，即要他在探究之后得出结论：新教僧侣是永远不犯错误的。

---

① 现为巴黎大学的一部分，设有神学、理学、文学三科。——译者

剃度 凡希望加入僧侣,即想靠别人生活的俗人,都得在自己的头发上施行这一神圣的手续。这种仪式的意义就是为了表明:今后受剃者的活动在于为同胞们剃度,如果上帝给了他一把好剪刀的话。

天父 是圣家庭的家主。如果《圣书》的确是他口述的——这可能是有问题的——,那么,他一定非常年老了。

天赋观念 所谓天赋观念就是我们从刚出生开始,从抚育者和教士那里接受的概念。他们经常向我们重复这些概念,以致到成年的时候离开这些概念我们就无法想象,并且相信它们是在娘肚子里承受的。教义问答中的一切概念都属于天赋观念。

天国 是非常遥远的国家。充满整个宇宙的上帝在那里居住。教士从那里廉价运来教条、论证以及其他卖给基督徒的精神商品和不可捉摸的商品。神驾着彩云,给我们的大地送来晨露或大洪水,甘霖或雷霆,灾难或福祉以及对维持信仰非常有利的宗教纠纷。大家知道,有三个天国;第三天国曾让圣保罗看过,但是他没有给我们留下这个国家的地图,这使地理学家感到非常懊恼。

天使 是上帝派到他的宠臣那里去的天庭办公厅的听差。如果没有天使,上帝就不得不亲自出马来执行他的旨意。每一个基督徒都有自己的**保护天使**,后者能制止他的许多愚蠢行为,如果这不跟意志自由相矛盾的话。大天使与天使之间的关系跟我们的大主教与主教之间的关系相同。上帝是把大天使作为特使来使用的。

天堂 是神的住所,有人说在南半球某处,有人说在九霄之上。选民们将有幸经常在那里合唱:“愿你的名字受尊为圣。”有许多人不那么积极参加这个音乐会,因为害怕枯燥和交坏朋友;毫无疑问,如果宫廷贵妇和某些法国僧侣在一起,她们是要恶心的。

听从　听从上帝比听从人好。但是听从上帝意味着听从僧侣。由此可以得出结论:好基督徒应该在政府的意图得到僧侣赞许的条件下听从自己的政府。

听取忏悔的神甫　是从主教即从上帝那里获得听取所有非礼之事的权力的教士。上帝尽管是无所不知,仍然要得到情报,才能知道这些非礼之事:否则,他就像在黑暗的森林中,一点也不知道向他的教士忏悔的人的良心究竟如何。

同盟　是16世纪上帝的教会建立的神圣同盟。它的活动的善果是:一位法国国王被杀,王国发生叛乱,一个异教徒国王开始做礼拜,因为这对他有很大好处。

童椅　是新选教皇把他的神圣的屁股坐在上面以便容易地检查出他的性别的溺器。这样做是为了不致于选个女教皇,以免再一次陷入窘境。

童贞　是意大利、西班牙和葡萄牙的僧尼所虔诚遵守的美德。他们受了剃度,就永远抛开了普通人所固有的欲念。

童贞的圣母,你有福了!　这是大天使加百列代表圣父去见童女马利亚并准备保佑或庇护她时所讲的优雅的恭维话。这位童女在死后或升天后,每当向她提及使她蒙恩的这次愉快冒险时,她就感到得意非凡。

偷窃　是白拿别人的东西。偷窃是禁止的;虽然如此,利未族却享有上天所赐的,拿信徒的钱,只给他们从天国转运到地上的不可捉摸的货物的权利。

头脑简单的人的信仰 这是一切真正的基督徒所持的信仰。这种信仰在于相信本教区的教士不会错误。

涂圣油 是一种圣礼,对于引起垂死者的恐怖极为有用。这种圣礼就是在准备出发到彼岸世界的人的脚跟上涂油。

W

完美 在基督教中这就是:诚心祈祷,持戒苦修,沉溺于无聊的幻想和过神鹰的生活。完美的基督徒认定自己有义务成为这个世界上毫无用处的人,因为这个世界不过是到那个世界的过道而已。俗人生存,只是为了咬紧牙关眼看着僧侣靠他们吃得饱饱的。

万能 是上帝独有的、不管自然规律而随心所欲的做到一切的本领。然而我们看到:他的万能至今还未能使他所造的人成为僧侣希望看到的那样;他不能使他们按照教士的指示去行动,甚至去思考。上帝所造的恶魔是诡计多端的,他常常敢于损害其万能的声誉。但这毫无关系。上帝创造了恶魔,希望恶魔扰乱他的意图,并且不愿消灭恶魔,因为担心他那时将无事可做,而主要是害怕那时僧侣将成为世上所不需要的。天主教教士们比上帝更有能力:上帝不能创造自身,而这对他们来说,却是轻而易举的事。参看**化身**。

忘恩负义 是俗人的可恶品质。俗人应当永远记住自己对僧侣的无限义务。僧侣是可以成为忘恩负义的,也就是说,没有义务向任何人报告他们的收入情况,特权和教薪。凡给予僧侣特权、教薪的人,不过是主手中的工具,而主是希望降福于其宠爱的僧侣的。教士必须是忘恩负义的，因为他们要实现弥迦的预言。弥迦曾这样谈论他们：只要供他们吃，他们马上就向你宣战。[①] 我们的教士很有教养，他们不会使先知受窘。

唯物主义 是一种与神学背道而驰的荒谬学说。渎神的人坚持这种学说，他们不懂什么是精神，或什么是不具有任何为人所共知的性质的实体。教会的第一批教师曾有点唯物主义者的味道，因为这些爱诙谐的人认为鬼和神是物质的。但是，神学整顿了秩序，如果这些教父复活了，那么索尔本就有理由送他们上火堆，以便教授他们关于精神性的教条。

唯一诏书[②] 至圣之父的一道有意义的训谕就是用这个词开头的。这个训谕引起法国欢乐的情绪已五十年了。它得到纸商的良好反应：由于它才出现了两万份秘密逮捕令和无名的牧师书信以及有教益的文章。它们使女鱼贩们得到知识，使虔信的宫廷长舌妇们得到说废话的材料。

伪善 是一种手段，用它很容易获得巨大成就，把僧侣吸引到自己这边来。伪善者为主的事业大力效劳；他们捍卫主的事业，比诚心信神的平民（其中有过多的头脑简单的人）要热心得多。（这一条是德·彭宾扬侯爵写的。）

巫师 圣灵曾经一度相信过巫师，这从《圣经》可以看出；我们的神甫也相信过很久；现在谁也不相信他们，如果长此以往，人们很快就什么也不相信了。

---

① 按这里的引文和弥迦的话并不一致（参看《旧约·弥迦书》，第3章，第5节），作者是否有其他根据，一时无从查明。——中译本编者

② 参看本书第78页“**上诉人**”条的译者注。

无 一般认为,无就是我们无法确定的东西,它没有任何我们所能判断的性质。如果是这样的话,那么,精神存在物是什么?没有容量、颜色、形状的非物质实体是什么?天使是什么?魔鬼是什么?的确,我们的问题无法解释。所有这些都是我们不能理解的奥秘。

无酵饼 许多许多年以前,教会中发生过重要的争论:上帝是愿意变为发酵饼还是愿意变为无酵饼。这个伟大的问题长久地把整个世界分为两半,直到今日还未圆满解决:目前一部分基督徒用发酵饼,而另一部分用无酵饼。

无限无量 上帝是无限无量,无所不在的;他充满一切。这是不是说,当我做某种蠢事的时候,他也与我同在呢?怎么会呢,他无所不在,却不是与单个人同在!噢!我明白了:这是奥秘。

无限性 凡是没有止境的,或者尚不知其止境的事物都是无限的。上帝是无限的,即神学家并不确知他的特性的界限。僧侣跟上帝共同具有无限性;前者跟后者一样,无限英明,无限强大,受到无限纯朴的基督徒的无限崇拜。

无知 是信仰的第一个前提,因此教会非常重视。从俗人不再显出无知时起,信仰就逐渐淡薄,对邻人的爱就逐渐失去热气,而僧侣的身价也就一落千丈了。

武器 僧侣没有佩带武器的权利;但是在必要的时候,可以把武器送到俗人手里,让他们彼此争战。而僧侣则站在圣懦夫山巅欣赏战争的场面,把自己神圣的手朝天举着,请求援助那些为其神圣权利和神圣幻想而格斗的人。

侮辱 虽然万能的神常处于永恒的怡然自得的状态,但是他为了满足僧侣的愿望,容许人们不断地破坏他的这种状态。他往往甘受自己的创造物的种种思想、言词和行为的侮辱,以便使教士有工作可做,因为教士的职业就是为侮辱神的人赎罪。如果上帝不受侮辱,僧侣的钱柜很快就变空了。

X

吸血鬼　就是所谓从活人身上吸取鲜血以自娱的死鬼。也许自由思考的人怀疑这种妖孽的存在,但愿他们睁开眼睛,他们会看到僵尸从社会的活人身上吸吮鲜血。参看**修道士**、**教士**、**僧侣**。

洗礼　对获救来说是完全必要的圣礼。凡是一生中一次也没有在自己后脑壳上摸到几行冷水的人,上帝不准他们进入乐土。这种水能洗去婴儿身上的大罪并由圣子代为承受,这种大罪是在父母想生孩子前几千年犯下的。

先见之明　是神的属性。这种属性使他能如愿地预知人所做的蠢事。但是,他不想也不可能防止这些蠢事。

先知　是当上帝想要同自己的子民谈话并向他们宣布大火时选出的并将恩惠降于其身的犹太人。这是些到处流浪的犹太巫师和犹太优伶。他们帮助锡安的青年妇女和耶路撒冷的女仆寻找跑失的狗和丢失的汤匙。用坚定信仰武装起来的基督徒,在这些伟人的圣书中找到教会所需的一切。讲话时隐约其词是大有好处的:或早或迟会被视为先知。

闲暇　这是万恶之源。如果在世界上没有僧侣,人民就不能充分发挥劳动力,就要成为懒汉。僧侣和教士一生闲暇,为的是减少俗人的恶习。因此,俗人工作不仅为了自己,而且为了供养为神服役的二流子大军。

显灵 是奇怪的幻象。凡获得上帝所恩赐的不健全头脑、多疑和死说谎的本领的人,能看到显灵。

献祭 以前上帝吃得非常好:用来供奉他的有:生人、童子、公牛、公羊和母羊;而今妻子叫他吃规定的饮食。供他吃的只有他的儿子,而且僧侣还参加会餐。如果宗教裁判所不供给上帝烤人,笃信宗教的国王不随时用粮食充实天国的仓廪,上帝就要饿死。不过他们不这样做,僧侣就会暗示他们,说不给上帝饮食,上帝就会因规定的饮食烦恼,从而大怒。

香炉 是焚烧使神的鼻孔嗅起来很愉快的香料的圣炉。教士是这种香烟的宫廷供奉者。“图谋香炉”是一个譬喻,意味着国王或任何其他世俗权力的罪恶企图,即想擅自干预僧侣的事务。

相信 意味着对教士具有无限的信任。好基督徒必须相信吩咐他相信的一切;不然,他就得受火刑。如果他表示,他并不感到自己是在蒙受神恩,那么他还被注定来世受焚烧。上帝在拒绝施恩于他时示意:对于这样的人除了烧死了事,没有别的办法;在烧他的时候,选民的信仰也就会火热起来。

消瘦 神喜欢他的崇拜者斋戒,祷告,把自己弄得消瘦不堪。他只容许僧侣有胖肚皮。如果俗人想挤进天堂的小门,那就一定要骨瘦如柴才行。

笑 虔信的基督徒应该严肃,像正在被用铁刷子梳理毛皮时的驴一样。耶稣基督从来没有笑过。当基督徒随时随地都可能掉在神为他们所烧开的油锅里并被神永远取笑时,哪能笑呢?只有教士被允许窃笑那些被他们抢光的人。

血　教会最害怕血。它有一颗过敏的心,以致一看到血就会昏倒。因此,它从来不让动手术。圣仆像医生一样,也开方放血,但动手放血的是国王、官员、刽子手,他们是至圣僧侣的常任外科医生。

血亲通奸　是一种违反自然的罪孽。过去在亚当时代是允许的,而现在,教皇也常常为了好的报酬而允许;和自己的教母睡在一起,是不可饶恕的罪过;精神上的血亲通奸,同肉体上的一样可恶。

亵渎神圣　是僧侣臆造的一个可怕字眼。它意味着因触摸圣物而犯的大罪。凡有害于僧侣的,就有害于那不爱开玩笑的上帝。由此可见,从什么都不需要的上帝那里偷点东西比从穷人那里偷点东西所犯的罪要大得多。被偷者愈富,则偷者罪愈大。因此,偷上帝或教士的人应受火刑;偷富人的,应受绞刑;而偷穷人的,通常是用不着害怕的。

亵渎圣物　是极大的罪恶。这种罪的构成是:把僧侣称之为圣物的物品用于僧侣所谓的世俗的需要。由此可见,每个亵渎圣物的人都应该受火刑;关于他的罪恶无法构成一个合理的概念,因此,这种罪恶真是大得不可想象。

新教徒　在这一品种中花色很多。一般说来,这些人有好使的头脑,有勇气反对教皇和他的那些不为新教僧侣所赞同的意见。但是,归根到底,这些基督教的两栖动物是不会伤人的儿童。他们厌恶至圣之父,但对自己的僧侣却百依百顺。他们知道,他们的僧侣虽然不认为自己是不犯错误的,但是终究还是不容忍人们怀疑其正确或不用其眼光观察事物。对于罗马来说,新教徒是异教徒,应受火刑;但他们能够得到安慰的是:他们在家中是最正统的,甚至可以焚烧别人,只要他们的僧侣垂青的话。如果说,新教徒不合上帝的心意,毫无疑问,那是因为他们没有向其僧侣慷慨捐赠——这是与异端相似的罪恶。

信经 是由神学家巧妙地编出来的一套公式,教会用这些公式使人们入圈套,使他们彼此置于神所喜悦的折磨之中并且吓唬妇女,想必在神学问题上她们的良心是一点即透的。

信神 是对僧侣盲目忠诚和一丝不苟地执行僧侣所有的命令。信神的人们,即那些道道地地地为这种感情所充满的基督徒。他们比其他人的长处,是无能和乖僻,因此,他们应分得到迅速进入天堂的机会。信女是些神圣的傻女人,她们在各方面都有助于使那些与她们接触的人获得拯救,因为她们引起那些人对于世间美满事物的厌恶;无论如何,信女的丈夫是应当常常感觉到离家出奔的诱惑的。

信条 是基督徒在来世受罚的威胁下一定得相信的不可思议的东西的简要条目。只要坚决相信自己的信条、神圣的宗教会议的决定,相信教父和不着边际的讲解者的意见,那么,就可以在信仰上不动摇了。

信徒 这就是舍己忘身,矢忠于上帝(即僧侣)而敌视世上一切其他人的基督徒。只有在国王自己忠于教会,即国王绝对服从僧侣的情况下,才能要求他们对国王忠诚。

信仰 信仰就是对教士们以及他们所说的一切虔诚信任。即使我们看不出他们的话里有任何意义,也应信任。这是至高无上的基督教道德；人们称之为**神学**道德，因为他对圣仆有利。没有信仰就没有宗教，因而也就不能获救。它具有使人们浸沉于神圣的愚钝之中的力量，与这种愚钝同时产生的是信神的顽固性和对不信神的理性的深恶痛绝。十分明显，这种美德对教会是极为宝贵的；它是超自然的神恩的果实，而神恩是用以奖励荒诞思维的习惯和害怕招灾惹祸的恐怖心理的。由此可见，缺乏这种美德或者不善于养成这种神圣习惯的人，绝对不会引起僧侣的任何兴趣，因此他们只适合上屠宰场。

星期四降雨后[①] 是准确约定的时间，根据僧侣的保证：信徒那时将能确知僧侣的祈祷是有力量的，他的权利是真实的以及他的教训是有用的。参看**阴世**、**天堂**。

形而上学 是非常重要和崇高的科学。它可以使任何人详尽知道感官不能理解的所有奇异事物。所有基督徒都是高深的形而上学者。没有一个织袜女工，不确凿知道什么是圣洁的灵、非物质的灵魂、天使，没有一个不清楚了解需要冥想真实的神恩。

幸福的幻象 那些在这个世界上冒着碰破自己前额的危险，竭力紧闭着眼睛的人，就在那个世界上获得异常锐利的目力，能够亲眼看到充满宇宙的神的耀眼光辉。

兄长的训诫 按照基督教的意见，每一个人都应当干预邻人的私事，热心关怀他的得救。邻人犯了过错，就应当加以训诫，并

---

① 在古斯拉夫民族奉行多神教时，斯拉夫人在星期四祭多神教的雷神，向他求雨。后来基督教流行起来，星期四这一天便失去其神圣意义。因此，“星期四降雨后”这一时刻便不可能到来了。现在用这一术语表示“不可能到来的时刻”，“不能实现的事”。——译者

设法使他走上正路。如果他显得很执拗,就应当避开他,仇视他,甚至折磨和杀害他,如果他比较弱的话。

兄弟 所有的基督徒都是兄弟。换句话说,他们要永无休止为自己父亲的遗产而争吵,因为神学家兄弟曾竭尽全力把乃父遗嘱弄得极端含糊。

凶狠 上帝生性是大慈大悲的,但非常重要的是:不知不觉地使他变得比魔鬼还凶狠;那些掌握着能使神大发慈悲的秘诀的人们,会从这里得到好处。僧侣同太善良的上帝在一起捞到的好处是不会多的。

雄蜂 是懒惰的有害的昆虫。它们夺取蜜蜂的蜜,扰乱大家在其中工作的蜂巢。参看**征收什一税**、**教士**、**修道士**、**吸血鬼**。

修道士 是编了队的神职人员。他们有的穿白,有的穿灰,有的穿黑。他们有的留胡子,有的刮得光光的;留胡子的,或是像杂草丛生,或是稍加修剪。总之,这些人对社会极为有益,因此,他们可以向社会收日税,如果没有私人财产的话。修道士是教会的台柱和照明灯;人民失去这些宝货就会富裕起来,从而也就注定了来世受苦。

修道士团体 修道士移居在一起,以便更方便地互相引起发疯,从而有资格进入天国。天国只有在尘世发疯的人才能进去。

修道院 是尘世罪恶的避难圣所,由神圣的强盗们在现行信仰占统治地位的时代里创立和使之富有,其使命就是为相当数量的非常有益的仅仅吃、喝、睡的男公民或女公民提供游乐场所,以便其他公民能顺利进行工作。

修道院院长 是接受忏悔的牧师,他由于念念圣礼书,折磨修道士并同他们打官司,因而享有修道院的各种世俗收入。并非每个修道院院长都有一个修道院,尽管他们每人都渴望领有一个。他们中某些人只得满足于穿黑袍,炫耀褶边,以及搬弄是非的权利。

休妻 基督徒绝对禁止休妻;基督徒的婚姻是不可解除的。这对不能和睦共居的夫妻来说是莫大的幸福,因为在此情况下他们必定要互相折磨一生,从而使他们直升天堂。只有主教被准许休妻,他们在任何时候都能休去糟糠之妻,换个富贵的妻子。

虚幻 除神学之外,这个世界的一切都是虚幻。只有在彼岸世界我们才得到某种可靠的东西。那里我们将亲眼看到僧侣所建的巍峨大厦是巩固的。此外,僧侣在尘世的厨房,在我看来,也是相当坚固的设施。

虚心人 用通常的语言来说,这是些傻瓜;用基督徒的语言来说,这些人在尘世现出这副蠢相,是为了有朝一日在天堂大出风头,在那里他们将用俏皮话和美妙的词句使主快乐。教会对其蠢孩子怀有特别温柔的爱;对有头脑的人则几乎毫不关心。

选举教皇会议 在这个会议上,神圣罗马教会的红衣主教们选举耶稣基督的圣洁的继承人。圣灵经常在这些会议上显现,因此保证了选举的大公无私。

选民 是仁慈的上帝毫不拘礼地接待到自己这里来的民族。大概,在每一个世纪中,过去有过,将来还会有半打左右的选民,将由于看到在火堆中焚烧人类的其他民族而有说不出的快乐。

殉教者 是用以称呼固执的圣徒的。他们让人把自己投入监狱、严刑拷打、割肢裂体和烈火焚烧,以便向全世界证明:他们的僧侣不会错误。每一个教都有其殉教者。但是,真正的殉教者是那些为真正的宗教而忍受死难的人,而真正的宗教的僧侣总是正直不苟的。

训言 是点化人们尊重宗教和僧侣意志的东西。西班牙和意大利的神职人员的行为特别有教益,因此受到普遍的尊重。

训谕 是教皇的诏书,铅印羊皮纸文件。每当必须募款,或者某些国家受到教会不景气的威胁而引起神的不满时,上帝的最低下的奴仆就发出诏书。如果没有**唯一诏书**这个训谕,法兰西还会停留在骇人听闻的蒙昧状态。

Y

《雅歌》 是一本以神圣的猥亵见长和描写上帝同教会的爱情的书。这种爱情的情调使犹太人早在三十年前就不敢读这本书了。但是,基督徒由于自己的信仰却在其中找到许多足资垂训和极有教益的东西。

亚伯拉罕 是信徒的始祖。他撒过谎,戴过绿帽子,割去了自己的阴茎包皮,并曾显示过这样的信仰力量:有一次,上帝想开玩笑,吩咐他用他自己的儿子作牺牲,要不是天使前来阻拦,他就割断了他亲生儿子的喉咙。[①] 因此上帝同他以及他的后裔缔结了一个永久的盟约。[②] 但是,后来上帝的儿子废除了这一条约,他这样

① 参看《创世记》,第 22 章,第 10—12 节。——译者

② 参看同上书,第 17 章,第 7 节。——译者

作的理由是他的父亲在当时所猜想不到的。

亚当　是第一个人。上帝造了他这个十足的流氓。他为讨好老婆而尝了果子。他的后裔至今还不能消化这种果子。

亚伦　是以色列大祭司,摩西的可敬的兄长,现代神甫的最完美的原型。他自己崇拜并且教导别人崇拜金牛犊;他的神职继承者在这方面十分成功地模仿着他。以色列族由于他们大祭司的愚蠢行为而受到惩罚,但是他自己却由于僧侣被赋予的不可侵犯性而平安无事地逃脱了惩罚。亚伦信念不坚,因此没有被允许进入迦南;我们的教士极力模仿他,也常常不相信他们对我们所作的说教。上帝对大祭司的价值知道得很清楚,没有过问这些小节,对他仍旧关心备至,连该用多少铃铛装饰他的外袍都作了指示。这告诉我们:凡跟僧侣多少有点关系的,都受到上帝的关切。

阉人　为了宗教的福利不妨去所有男人之势,使所有女子无法生育;这会使世界迅速毁灭,使世人不再以其秽行亵渎上帝了。

严格生活　它是借助于基督徒发明的许多巧妙方法而达到的,为的是折磨自己和使大慈大悲的上帝满意。他的爱儿的发明渗透着虔诚的精神,这常常使他感到欣慰。这些违反自然的方法的意义还在于:迫使那运用这些方法的人睁大眼睛;在具有纯朴信仰的人看来,它们是非常英明的。

言语　在日常生活中言语用以表达存在着的我们知道的真实事物,但是在神学中言语的任务是表达另外的言语。

眼睛　是对好基督徒完全无用的器官;因为他必须闭上眼睛,才不致迷失得救的道路,而当眼睛对教士的行为看不下去的时候,甚至必须把它们剜出来。参看**耳朵**。

演员 是从事讨厌职业并激起了主的仆役的正当愤怒的人。在法国，他们被革出教会；在这个虔信宗教的王国中谁都知道：只有教士蒙上天允准，可以排演喜剧。

钥匙 耶稣基督曾把天国的钥匙当面托给教会；只有教会有权开启或关闭天堂。教皇是教会的看门人；不言而喻，看门人的劳绩是要付酬的。

耶路撒冷 用此名的有两个城市。一个在犹太国，另一个在虚无空间50°①。据圣约翰目击，后面这个城市有金刚钻、红宝石和别的奇珍异宝闪闪发光。在尘世挨饿受穷的基督教徒，到那里可以开怀痛饮。

耶稣复活 耶稣基督复活；此事有几个蒙启迪的使徒和几个神圣的长舌妇作证，——至于整个耶路撒冷就不谈了，因为那里什么也没有看见。基督徒坚决相信，有朝一日他们将复活，即他们的非物质的灵魂和他们的肉体结合起来；每个人将在乱七八糟的自然界中找到自己的腐尸的碎块。

耶稣会 是宗教的格列那结尔兵的队伍，队长是耶稣基督。它在宿营的地方胡作非为。此外，它通常对妇女特别恩宠；男童也不容易从他们那里脱身。

耶稣会教徒 是非常狠毒非常好战的修道士，他们使信仰死灰复燃，已经两个世纪了。这是教皇的精兵，他们常常给圣座弄些伤脑筋的事。他们保存着教会的大弯刀，刀柄在罗马的精兵头目手中。不久前神甫马拉格里达在葡萄牙弄折了这把刀的锋刃，他

① 参看《启示录》，第21章，第10节。——译者

的同胞因此挨了一顿痛打。

耶稣基督 过去上帝化此名周游犹太,在那里因拒绝道出自己的真名而被当作间谍钉死在十字架上。如果不发生这幸福的事件,人类就永远堕落,就没有神学,没有僧侣,而且法国也永远听不到 Unigenitus(**唯一诏书**)。

医生 大家知道,教士是我们灵魂的医生。他们想方设法使我们长癞,让我们得到长久搔痒的乐趣。至于说到他们所采取的医疗方法,他们最乐意使用洗胃、放血,尤其是烧灼术。他们给我们的丸药非常苦涩,只有他们自己用的丸药才是滚金的。

伊斯兰教 是一个凶残的宗教。它的可恶的创始人曾经想用火和剑来巩固自己的信仰。这个血腥的宗教和基督教的差别是显然的:基督教所宣扬的是温顺和仁慈,因此僧侣才用火和剑来巩固它的教义。

遗宝 信神的天主教徒非常虔诚地敬仰圣尸上留下的东西。大家知道,这种东西能为有强烈信仰的人创造伟大的奇迹。圣巴里斯的裤子医治了许多病,比巴黎医学院所医治的病还要多。

疑难 是教会领袖有意在信徒心中引起的小小不安,为的是有机会消除它。疑难应该列入教会仪式;凡于社会有害的行为,不会引起任何疑难,因为它打不动信神者的良心。

仪式 是敬神的动作和我们神圣的**江湖艺人**所用的公式。不信教的人们藐视教会的仪式和礼节,而教会却坚决奉行。教会是对的,因为仪式可以加强僧侣的声势。僧侣一旦失去声势,宗教就会饥饿而死。

以敬神为名的欺骗 指僧侣为了维持暴民的信仰,促成教会的胜利,损害其敌人(大家知道,他们对待敌人是不择手段的),完全合法地采取的神圣诈术、宗教胡说以及虔诚诡计。

以西结 是犹太的伟大先知,能看到奇景异象的人。他以其精美的早餐而知名[①],可是他的早餐却引不起当代先知们的胃口。据我所知,除耶稣会教徒桑切斯和笛卡尔派的看门人以西结之外,他是最脏的祭司了。

异端 教会需要各种异端来训练人才和防止我们的神圣斗士的剑生锈。任何一种与神学家相反的意见,都是异端。神学家是我们所信赖的,或者他们有势力足能强迫我们接受其观点。由此可见,异教徒始终是神学家当中那些不能运用武力证明其正统性的人。

异教徒 是与正统教徒想法不同,或者没有强大到足以使别人承认其信仰是正统的那些教徒。

义务 宗教只承认以人们和教士的关系为基础的义务。由此可见,只有教士才有权规定好基督徒的义务。这些义务就是:诚心祷告,注意倾听不能理解的东西,主要是慷慨捐助主的仆役。

意见一致 基督徒,特别是基督教神学家到处都是意见一致的;关于基督教的神圣来源的确凿证明,就在于它的门徒之间意见始终一致。真是令我们震惊的万古奇迹!

意志 相信耶稣基督具有两种意志和两种本性,是我们的宗教义务。第一个是他自己的意志,第二个是僧侣们的意志;后者有时并不同前者一致,但他——和我们一样——被迫服从后者。

---

① 据《旧约 · 以西结书》,以西结吃了上帝赐给他的书卷。——译者

意志自由 人是自由的,不然僧侣就不会诅咒他有罪了。意志自由是上帝为了表示特别垂青而送给人类的小礼物。有了这种自由,我们便与所有动物和植物迥然不同了。当我们的自由意志与主宰的意志不一致时,我们就可能招致万劫不复的毁灭。这时,主宰就获得好机会惩罚那些受到主赐给的惹他生气的、自由的人了。

阴世 是教会地理学家所熟悉的国土。上帝大概是在那里支付其经纪人、经理代他签发的期票①。至今还没有听说过:上帝拒付自己的经手人的票据;大家知道,这些期票是见票即付的。

饮食 对拯救灵魂来说,没有什么东西比正确选择饮食更重要了。教会像慈母一样关心自己孩子的健康;她给他们规定了饮食制度并常常让他们吃规定的饮食。参看**斋戒**。

印刷术 堪称反基督者的恶毒发明。在所有基督教国家最好禁止使用。信徒不需要书籍,他们有念珠。值得用印刷术翻印的只有《圣礼书》和《基督徒的教养者》。

鹦鹉 是对教会非常有用的鸟,因为它们不弄清楚事情之究竟,就十分准确地重复别人教它们的话。参看**教义问答**、**基督徒**、**教养**。

硬心肠 教会供职者常常谴责硬心肠。不过,要知道它是最高美德的成果。好基督徒应该完全无动于衷。一当他从慈悲的主那里获得铜头铁心,就能成为完美的教士。他自己吃得饱饱的,却毫不关心世界上别的任何人。在垂死者的卧榻旁边,圣仆的斯多

---

① 此处“支付期票”,按原文的转义是“履行诺言”。——译者

噶精神表现得特别明显。

永生者名册　是一个笔记本。上帝自己或吩咐自己的一等书记记五六个笃信宗教的人名字到上面去，以便追念。这些人都是有幸仰承过上帝的欢心和推崇过教会的。

永远　这是个无始无终的东西。由于说比想象容易，因而每个基督徒都得请自己的牧师帮助思考这个概念，牧师能够帮助他找到理解的道路。在我们还弄不清这个概念的意义的时候，我们在永远受罚的威胁下必须相信：地狱的苦难将无终无止。耶稣基督忘了宣布这一点，可是精细的教会却经常重复，以安抚自己宠爱的孩子们，因为在他的孩子当中，百分之九十九是被注定永远受罚的。

永远受罚　我们在永远受罚的威胁下必须相信：慈悲的上帝为了教导犯罪者在死后应该如何生活和用那种不可能看见的罚例来感化活人，便判处大多数人永远受罚，以警戒他们的一些微不足道的犯规行为。上帝以其不可思议的仁慈强使这些行为继续到永远，以便有永远焚烧犯罪者的欢乐。教会和上帝一样，有判处永远受罚的权利。有些人甚至认为，上帝本来是不会注定任何人到地狱受苦的，他这样做是为了使自己的妻子[①]开心。

犹太　是一个笃信宗教和不毛的国家，大小和伊弗托王国相仿。它以惊人的奇迹为自己的统治者提供进款，这笔款项除去利未族的生活费，还相当于全欧洲的收入。

犹太教会　是天父的前妻。天父娶她时，还是犹太人，但是为

① 指教会，按《圣经》：上帝与教会的关系是夫妻的关系。——译者

时不久他就烦腻了,为故意刺激她而做了基督徒,并重新结婚,娶现在的教会为妻。据说,他这次换妻,获利不多。

犹太人 是一个愉快的民族。上帝由于重视其高贵品质,曾经对其发生由衷的爱慕,因而使其说了不少蠢话,做了不少蠢事。后来他的想法改变了:自从犹太人把他的儿子钉死在十字架上以后,他只渴求烧烤过的犹太人;而宗教裁判所经常注意以这种材料做的肴馔来供奉他。

诱惑 上帝有时诱惑人们,如果人们粗心大意落入他所设置的圈套,他就有机会惩罚他们了。但是,他通常是用魔鬼来诱惑。魔鬼在世上唯一的职责就是挖苦上帝并使他的忠实奴仆变坏。这种神秘的行为证明:有时使上帝快乐的就是他自己的不可理解的自欺行为。

幼稚 是孱弱、无知、不懂事的状态。为了帮助僧侣引导基督徒进入天堂,就必须使基督徒浸沉在这种状态中。一旦他们成了年,学会了独自行走,也许就进不了天堂了。

寓言 是奥妙的说话方式。神常在圣书中用寓言,怕把话对朋友们说得太明显,因为他是想启发他们的。

原罪 是约七千年前所犯的并且闹得天地不安的罪行。所有人在出世以前就已不由自主地参与了这种罪恶。人们的死和犯罪都是这种罪恶的后果。上帝的儿子为了赎这个罪而接受了极刑。但是,不管他和他的父亲如何努力,原罪的污点是永远不会从人类身上洗掉的。

约拿 是一个好争吵、易生气的先知。他在大鱼腹中待了三天,最后大鱼不得不吐出来,——因为先知是难以消化的食物。上帝委托他以自己的名义哄骗尼尼微的居民，他欣然负起了这项任务。

月亮 是一个行星。据说，在这里，在地球上遗失的一切东西，都被转运到那里去了。基督徒有朝一日会在那里找到自己的理智，自己的健全思想，主要是找到他们交给教士的钱。不过，月亮暂时还对男女基督徒和时而大发热病的神圣教会发生巨大的影响。

云彩 在它的轮廓里随便什么都可以看到；当僧侣对某事不满时，他们就会看到云彩中有准备战斗的士兵。云彩像圣书，神学家可以在其中发现他们所想要的一切并且强使那些信仰坚定或神志不清的人也看到同样的东西。

Z

灾害 因亚当之罪，灾害降入人世。如果这个傻瓜不犯罪，我们就不会有癞癣，疱疹，神学和能医治我们一切灾难的良方——信仰。

灾难 一切上天降给人类的灾难都是助长僧侣的声势的。当人们感到恐怖或者遭遇不幸的时候，他们变得特别虔信。为了使僧侣心满意足，灾难（特别是传染病和瘟疫）应当频繁发生；这会给教士提供机会，迅速获得遗产，至少取得埋葬许多人的欢乐。

葬礼 是一种仪式。圣仆用自己的号啕之声使仪式具有悲悼的情调，这种情调之浓淡决定于他们所得劳动报酬之多少。

斋戒 就是节制饮食。这是深合上帝心意的。他给了我们胃并创造了有营养的食物，只不过是为了建议我们死于营养不良。如果你本人不吃斋，你就强迫自己的仆役吃斋。斋戒主要是，其伟大意义也就是，使我们习惯于看教士想给我们看的东西，因为当胃里空空如也的时候，头脑工作很差。圣贝尔纳德说：躯体吃斋，灵魂则大吃大喝，长得又肥又胖。

斋食 不管是西方或东方的基督徒都深信：像站在卡木旁的哨兵一样，至高无上的神站在天国守望台的高处，密切注视着进入其崇拜者胃中的食物。他不允许在大斋期让火鸡、阉鸡、牛犊进入胃中；相反，只要主教大人允许，他就会乐意地眼看着青鱼、鳕鱼、鳗鱼甚至鸡蛋到胃里去。

《赞美上帝》 是一首赞美诗。每当基督徒的国王们屠杀大量基督徒得手后，就迫使人们在神殿上高唱这首诗。他们用这种方法感谢上帝对他们的恩宠和帮他们毁灭了自己的许多臣民。

赞美诗 是古老的犹太歌，高雅而有教益。教会把赞美诗译成不通的拉丁文，以备厨娘们哼唱。她们在晚祷时大唱特唱，丢三落四。大家知道，列夫兰克先生曾把赞美诗译成法国诗，他的笔友颇为之神往。

占卜官[①] 我们现代的占卜官，当他们彼此相遇，或手把着葡萄酒谈论不属于他们这一等级的人的愚蠢时，一定会从心里发笑吧！

占统治地位的宗教 这是国王的宗教。他利用马刀和刺刀不

① 占卜官是古罗马的术士，用鸟飞鸟鸣等征候占卜吉凶。该词原文的转义是骗子。——译者

容辩驳地向本国其他各宗教证明:它们是错的;他的接受忏悔的牧师是正确的;应当在他这位寡人主持的会议上确定教义的基础。

战栗教徒——或颤抖者 这是对一个应当避而远之的可恶教派的信徒的称呼。他们发现了没有僧侣也过得去的秘密。这是违背主的利益的。由此可见,他们的名称虽然如此,但是,他们却远不是那些颤抖了一生的颤抖者。

哲学家 是忠于智慧和健全理智的,因而是坏蛋、贼、骗子。社会应该使仇视教会的人受火刑。这些恶棍竟敢提醒人们当心:在尘世,不要两眼朝天而被掏走钱袋。(这一条是帕利索先生和莫罗律师写的。)

真理 有两个真理,一个是人的,另一个是神学的或神的,前者对僧侣毫无用处,因为它不是真实的。后者对他们有利,因为它是唯一正确的。

真正降临 是9世纪科尔比的一个僧侣所捏造的奥秘,后来成了天主教教会的一个信条。天主教徒坚信:宇宙的统治者将应那领到他们12苏[①]的教士的召唤,放下一切事务,固定在一块面团里,让一个团体吃掉。

征收什一税 征收什一税的权利是上帝赐给僧侣的。大家知道,使徒曾在耶路撒冷收过什一税。此外,人们为贫穷的僧侣工作,僧侣供给他们及其妻子儿女以神学的食粮,这是最公平不过的。

争讼 好基督徒是永远不应该争讼的。当别人要他的外衣

① 法国旧币名。——译者

时，他应该连内衣和裤子一齐脱下。教会人士从不爱打官司；和他们打交道是最愉快不过的了。

正派人 凡不信教会不犯错误、不信教士从不说谎和谬误的，不可能是正派人。显而易见，凡不怕在彼岸世界受永远折磨，从不觉得需要成为这个世界的正派人的，也不会害怕惩罚和社会的鄙视。

正统的 正统的观点是这样的人的观点，他们这边有点真理，不信奉异教，有弓箭手和刽子手。正统性，像晴雨表一样，受基督教国家中变化的影响；正统性常常以当前宫廷的气候为转移。

正相反之物 相信正相反之物的存在就是异教邪说。

政治 它的支柱是基督教。它在国内维持安宁，使人们顺从国王，使居民兴旺，五谷丰登。在国王忠于教会的条件下，它劝导公民要忠心耿耿。总之，只要国家一心关顾教会利益，僧侣的利益永远是符合国家利益的。

政治自由 它不太合僧侣的胃口。专制对主的仆役更为有利。如果得以使国王就范，那么，所有人民就不得不带起主的枷锁。大家知道，这种枷锁是非凡轻松的。

直观 是非常有益的活动，特别是当无所事事的时候。无疑，上帝非常重视那些无时无刻不忙于建造空中楼阁的人；而且社会能从这种建设中得到不少好处。

执事 通常是指助祭，作风相当粗鲁。在供神时，走在祭司前面，为他清道，排除那些可能会妨碍他履行神圣职责的无知之徒。国王常常是僧侣的执事。

衷心的悔恨 是神学上的术语，意味着基督徒因其所犯罪孽及可能由之而来的惩罚而表示痛悔。在耶稣会教徒看来，这种痛悔足能使上帝的心软下来；冉森教徒则持另一种见解。毫无疑问，我们终有一天会从上帝那里知道他们谁是谁非。

重利盘剥 上帝答应犹太人，准许他们放钱生利和偷窃。但是，对基督教民族的俗人来说，二者都是不许的。只有僧侣有特权在世上重利盘剥，并从别人劳动所创造的资本中捞一把。

重要的东西 僧侣要你认为某某东西重要，这就是世界上最重要的了。近几个世纪来，基督教世界，有幸被种种重要的言论、重要的论证、重要的时代、重要的仪式和最重要的训谕搅得混乱不堪。

咒骂 是神学家们在自己内部或者跟自己的敌人的对话中所使用的一系列客气的善意的术语，这些术语是在他们想调和矛盾，或者在回答人们所提出的问题时使用的。咒骂是一种很好的论证，但最好还是用火刑来回答。

逐鬼 是罗马教会的祭司对魔鬼施行的强权举动。他们用圣水、咒语和法术迫使恶鬼迁出躯体，而这些恶鬼本来是不想迁入或者是为了钱才迁入的。

“主啊，我有罪！” 一个恶棍如在死前对自己违犯教会所制定的一切规章的罪行表示忏悔，进天堂是有保证的。他的为时已晚的懊悔对这个世界毫无用处，但是却会给签发去那个世界的执照的人带来极大好处。

主教 像某些昆虫一样，没有雌性的帮助，就能再生自己，并繁殖其族类的神职人员，称为主教。主教非常操心和忙碌，因此，在他手下总有一个伶俐的修道院院长帮忙。要使一位主教接受一个他张罗了约十年的教区,必须三请上任,才能克服他真诚的反对。

主受难 是关于上帝的悲戚的故事。上帝慈悲为怀,自甘遭受鞭挞和被钉于十字架,以救赎人类。每当在圣岁日老太婆和信神的伪君子听到这个故事的时候,总不禁想起自身的救赎问题,这使他们心绪颇为不佳。

祝福 是一种魔术般的仪式。上帝的仆役竖起两个手指,口中念念有词,招来万能的神,并迫使他打开他的圣恩之栓,把圣恩倾泻在人和物之上;这样就使他们骤然改观,而首先是使僧侣的钱包填满。受过祝福的物品变成**圣物**;触动了它就是犯渎圣罪,应受火刑。

转化 是由于至高者的恩赐而发生的奇异变化,通常会给社会带来很大好处。例如:年老色衰的风骚女人脸上现出红晕;年轻貌美的女人变成难看的乌鸦;社会上的人变成森林中的猫头鹰。这样就会使某某垂死的银行家绝望地知道:他不能把掠夺来的财富随身带进坟墓,只好把它遗交给教会或慈善机关,以拯救自己的灵魂或为被他掠夺过的人造福。

准许 教皇或主教得钱后准许为非作歹。因此,不可容许的和犯罪的事成了完全合法的,而靠此攒集来的金钱使不朽之父及其一伙人的钱柜日益充足起来。

子爱 每一个基督徒对相当任性的上帝即自己的父亲和对神圣的教会即自己的饶舌的母亲,都应该具有这种夹杂着恐怖情绪的子爱。

自爱 是一种非常不幸的倾向,由于这种倾向,堕落了的人类才厚颜无耻地爱自己,希望保全自己的生命和追求自己的幸福。如果亚当在那时不堕落,我们也许会仇恨自己,讨厌享乐和成为没有自我保全感的人。

自弃 是基督教美德,蒙超自然的恩惠而生。自弃就是仇恨自己,避免一切乐事,像害怕鼠疫似的害怕所有使人愉快的事。在神恩达到有效程度时,即当它足以使人发疯时,这是很容易做到的。

自然界 是贤明的、全能的、完美的上帝的绝妙创造物。但是它败坏了。上帝容许它败坏以便借以解闷和发泄怒气,因为他需要消遣。况且,如果在这个建筑里不需要经常整顿整顿,那么,神学家和他本人就无事可做了。

自然神论 是一种渎神的学说。它承认一位有理性的上帝,而这个上帝只要求人们诚实和品行端正,不需要信仰,不需要崇拜,也不需要仪式。显而易见,这学说是荒谬的,对教士们是不合适的。这样的宗教不要教士也成,可是,这给神学带来了极大的损失。

自杀 基督徒是不许侵害自己的生命,不准一下子杀死自己的。可是,丝毫也不禁止他慢性自杀。相反地,这种行为能得到大大的夸奖,而且逝世时还能散发着圣洁的香气;如果再能同时创造一二十个奇迹,那么,甚至在教历上也可得到位置。

自信 是那些宁愿注重自己的理性而不遵循僧侣的指示的人的缺点。自信的顶点是认为:上帝可能向正在生气的僧侣让步。

自由思想者 头脑善于分析,脊背不易弯曲因而不能对僧侣们卑躬折腰的人们称为自由思想者。

宗教 是上帝为了自己的教士有福，为了拯救我们的灵魂而发明的世界观和行为的学说。世界上有许多宗教，但是唯一真正的宗教是我们神甫的宗教。我们的神甫聪明绝顶，从来没有错误。所有其他的宗教，都是荒唐的迷信，如果有力量的话，最好把它们消灭。真正的宗教，我们应该看做真理，应该熟悉它；要是反对它，那就很危险了。国家元首的宗教常常带有不可反驳的真理的印记。

宗教裁判所 是由教士和僧侣组成的神圣法庭。这些人不受民政机关管辖，并享有一种不言而喻的权利，即作出不容申诉的判决和把反对他们的人送进火堆。幸亏这个神圣法庭的效劳，国王们才侥幸地治理着有正统信仰的臣民——时时准备维护教会反对世俗权力的信教流氓。非常遗憾，直至今日，法国还不知道这种神圣法庭的用处。

宗教会议 是主教们的重要会议。其目的是在教义问题和教会管理问题上同圣灵（他总是站在强的一方）取得协议。在会议上订正、解释和修改上帝的话，并且在新规章未作出之前确定信条的要素，因为没有它们人类是不能获救的。

宗教狂热 是神圣的狂乱，或基督徒所感染的神圣传染病，症状是：内心鼎沸，大脑失灵。这种病是通过耳朵传进的。不管是健全理智或强制的感化办法同样都无能反抗它。最好的疗法是喝点三鲜汤、洗洗澡、搞些合理的娱乐。

宗教战争 是有益于健康的大量放血。这是我们的灵魂的医生对百姓的身体的处方，因为上帝希望百姓接受圣洁的教义而得福。为了不让基督徒被上天所赐的恩惠所胀破，放血是必需的。

宗教政权 顾名思义，这种政权只应当在精神生活的领域里行使；然而政治组织却经常从它那里受到震荡，有时甚至在很长的一个时期里都不能安定下来。在每一基督教国家中存在着两个政权，真是万民有幸，它们经常相互斗争，并且人民不知道赞同哪一方才好。既然臣民的特点是理所当然的笃信宗教，那么非宗教政权就成了宗教政权的恭顺婢女；否则，宗教政权就得告诉非宗教政权：它是不喜欢开玩笑的。

祖国 真基督徒在地球上没有祖国；他们是另一个世界的公民：他们的祖国在天上。他们活在地球上只是为了使自己寂寞和使他们的僧侣快乐。但是他们被允许引导别人领略神圣的寂寞并引起别人的虔诚狂乱而厌弃这个短暂的生命。教士和相信他们的人之所以是世俗国家的坏公民，是因为这使之有可能成为天国的好公民。

最高政权 在每一个基督教国家中，最高政权有二：一、僧侣陛下；二、国王。实在说，国王必须忠实服从僧侣陛下。

最后审判 上帝的缺乏理智的创造物在他的纵容或许可之下做蠢事。当所有这些蠢事最终使他厌烦的时候，他就把所有人聚集在约沙法的山谷里，要他们报告他们所做的一切蠢事，好像他不知道这些事似的。据传说，在最后审判之后，他将永远地关掉自己的铺子，世界将永远失去神学家和神学，这是因世界不善于从他们那里获取更大的教益而施加的惩罚。在最后审判之前，还将有一次审判，在这次审判中，每个人都必须单独地向统治一切的上帝报告那些上帝可能还不知道的行为。

最终目的 神学家是主的宠信；他们知道主的所有行动的动

机，并认为：鼠疫、饥饿、战争、臭虫、蚊子和神学上的争论，都是为了造福人类的。毫无疑问，世界上所发生的一切，不管怎样总会给僧侣带来好处：不管神在世上做什么，总是不忘僧侣的。

罪孽　是使神失去耐心，阻碍他的计划，破坏合乎他心意的事物秩序的思想、言语和行为。由此可见，一个人具有巨大的力量。赋予人以意志自由的上帝，不得不考虑到这一点；他不可能阻止人有时给他的神碰一鼻子灰。

罪孽深重的人　慈悲的上帝对这些人下了判决，想把他们投入油锅，要他们永远沉在油锅深处，以自己的惨状和号叫，来娱乐上帝。大家知道公正的上帝不对任何人负有义务：他已对罪孽深重的人赏了很大的光，既同意以他们受折磨的场面来消遣，又同意指示他们：他是一切生物的主宰。不然，他们对这一真理就可能怀疑了。

遵守教规者　是享有特权成为上帝所喜欢的基督徒。土地按法规属于他们，如果他们这边有势力，还可以占有它。

索　　引

（按汉字笔画排序）

五　画

六　画

七 画

八 画

九　画

十　画

十一画

十二画

十三画

十四画

十五画

十六画

十八画

二十画

二十一画

图书在版编目(CIP)数据

袖珍神学/(法)保尔·霍尔巴赫著;单志澄,周以宁译.—北京:商务印书馆,2017
(汉译世界学术名著丛书:120年纪念版:珍藏本)
ISBN 978-7-100-14901-3

Ⅰ.①袖… Ⅱ.①保… ②单… ③周… Ⅲ.①基督教—研究 Ⅳ.①B978

中国版本图书馆CIP数据核字(2017)第162020号

汉译世界学术名著丛书
(120年纪念版·珍藏本)

袖 珍 神 学

或

简明基督教辞典

〔法〕保尔·霍尔巴赫 著
单志澄 周以宁 译

商 务 印 书 馆 出 版
(北京王府井大街36号 邮政编码100710)
商 务 印 书 馆 发 行
北京市松源印刷有限公司印刷
ISBN 978-7-100-14901-3

2017年12月第1版　　开本710×1000 1/16
2017年12月北京第1次印刷　　印张9½
定价:48.00元